职业教育
特色素质课系列教材

U0694475

实习与就业

主　编■兰廷友

副主编■高格禔　李禄升

重庆大学出版社

图书在版编目（CIP）数据

实习与就业/兰廷友主编.—重庆：重庆大学出
版社,2010.8(2025.1重印)
职业教育特色素质课系列教材
ISBN 978-7-5624-5602-5

Ⅰ.①实… Ⅱ.①兰… Ⅲ.①专业学校—毕业生—实
习—教材②专业学校—毕业生—就业—教材 Ⅳ.
①G718.3

中国版本图书馆 CIP 数据核字(2010)第 151419 号

职业教育特色素质课系列教材
实习与就业
主编 兰廷友
副主编 高格禔 李禄升
策划编辑:唐启秀
责任编辑:谭 敏 江燕琪 版式设计:唐启秀
责任校对:夏 宇 责任印制:张 策
＊
重庆大学出版社出版发行
出版人:陈晓阳
社址:重庆市沙坪坝区大学城西路 21 号
邮编:401331
电话:(023) 88617190 88617185(中小学)
传真:(023) 88617186 88617166
网址:http://www.cqup.com.cn
邮箱:fxk@ cqup.com.cn(营销中心)
全国新华书店经销
重庆升光电力印务有限公司印刷
＊
开本:720mm×960mm 1/16 印张:11.25 字数:214 千
2011 年 1 月第 1 版 2025 年 1 月第 8 次印刷
ISBN 978-7-5624-5602-5 定价:39.00 元

系列教材编委会

● **总主编** 兰廷友

● **编委会成员**（按姓氏笔画排序）

毛一波	云南工艺美术学校
兰廷友	重庆市女子职业高级中学
刘 力	重庆市渝北职业教育中心
刘 辛	武汉市石牌岭高级职业中学
朱 茜	郑州旅游职业学院
李金泉	武汉市中等职业艺术学校
李晓东	郑州旅游职业学院
李 达	湖南农业大学
何以南	重庆市五里店职业中学
陆立颖	河南职业技术学院
陈 果	重庆市垫江县职业教育中心
陈俊琦	重庆市女子职业高级中学
张婷婷	重庆市女子职业高级中学
杨琼霞	重庆市渝中职业教育中心
范德华	云南省旅游学校
周 劼	重庆市女子职业高级中学
定 琦	郑州旅游职业学院
胡智全	湖北省黄石市女子艺术学校
费 安	云南省旅游学校

前　言

在国家大力发展职业教育的背景下,职业教育的发展非常迅速,特别是中等职业教育在构建现代国民教育体系和终身教育体系、建设人力资源强国中具有十分重要的地位。"以服务为宗旨、以就业为导向"是中等职业教育的办学方针,因此,对中职学生的实习、就业和创业的指导是亟待解决而又任重道远的问题。

本书主要是为了帮助中等职业学校学生了解学习的目的、意义,了解国家的就业形势和相关政策,建立正确的实习、就业和创业观念;从而增强竞争意识,增长择业知识,掌握择业技巧,顺利就业,并在适合自己的岗位上充分发挥自己的聪明才智,为社会做出更大的贡献。

本书力图体现以下特色:

一是尽量贴近中职学校学生的实际。本书的编者都是长期在中职学校担任教学管理工作和在教学、实习、就业安置工作第一线的骨干教师,非常了解中职生的实际情况;教材的编写是根据中职学校学生的身心发育特点、认知能力和职业教育发展的需要,遵循"以学生为本"的思想,紧紧围绕学生的学习—实习—就业—创业这条主线来构建体系,内容由浅入深、循序渐进;所举案例都是学生身边的典型,贴近学生的生活实际,让学生喜读乐学,学之有用。

二是在编写形式上体现结构新颖、图文并茂的特点,并辅以生动的案例。在各篇章中都设有"引言""引例""点评""想一想""超级链接""它山之石""拓展阅读""拓展训练""思考题""交流与讨论"等栏目,寓一般的说教于丰富灵活的形式中,寓深刻的教育于生动翔实的故事和案例中。这些内容既是对正文的很好补充,也有助于提升学生的实际能力,增强了教材的可读性、实用性和可操作性。

本书由兰廷友担任主编,高格禔、李禄升担任副主编,舒平、张莉参与编写。

由于编者水平有限,书中难免存在一些不足之处,恳请使用本教材的师生给予批评指正,以便我们改进完善,在此表示感谢!

编　者
2010 年 10 月

目 录

第二单元　　自主创业

参考文献

第一篇

学习——中职生实习就业的基础

【引言】当今社会就业问题已成为重大的社会问题和经济问题，越来越受到人们的普遍关注。在就业竞争越来越激烈的环境下，中职生面临着重大的人生课题。但由于没出校门的中职生对社会了解甚少，所以，我们应该加强对学生就业前的指导，帮助学生了解自己、了解社会，培养学生具有职业意识与向往，使学生初步树立正确的升学观、职业观、就业观，学会选择符合社会需要及自身特点的职业或专业方向。教育学生正确处理国家、社会需要和个人志愿之间的关系。培养学生适应未来社会发展所需要的良好心理素质，有助于学生适应从校园到社会、从学生到独立劳动者的身份转变。

第一单元　适应中职学校学习

【引例】
进入中职学校学习,你准备好了吗?

2006年的夏天,唐薪岚初中毕业,由于种种原因,没能考上某重点高中。父母并没有太多的责怪她,家里开着的餐馆正需要帮手,打算让她帮忙照看。但是,唐薪岚知道这不是她想要的工作。在沮丧和懊恼的情绪中,她一边在餐馆里帮忙,一边思量今后的出路。一次偶然的机会,她了解了重庆市某职业高级中学。因为喜欢唱歌跳舞,喜欢当孩子头,她离开了家乡铜梁县,来到这所中职学校,毫不犹豫地选择了该校的幼教专业。她要在这里实现自己的职业梦想。

在全新的中职学校里,唐薪岚如鱼得水。尽管幼教专业的技能很多,讲故事、唱儿歌、弹钢琴、简笔画、儿童舞等等,可她对每一样都喜欢,每一样都不落下。哪一样技能训练的时间不够,她就用周末的时间弥补,甚至节假日也不回家。刚开始父母不理解,还劝她回家接手餐馆的工作。唐薪岚就把自己所学到的知识、技能介绍和展示给他们,并且告诉他们:我很喜欢在学校所学到的东西,也很喜欢学校的生活,将来我一定要当幼儿教师!

高一结束后,唐薪岚有机会进入学校的提高班,准备参加声乐专业的高职考试,实现读大学的梦想。遗憾的是,她的嗓音出现了问题。医生告诉她:从事声乐专业前途不大。无奈之下,她又回到原来的班级,继续追逐幼儿教师的梦想。她更加努力地投入到各项专业技能训练中,校园里总能见到她匆匆忙忙地奔忙于美术室、钢琴房、舞蹈厅等各个实践场地;也能见到她风风火火地穿梭在合唱团、领操队、团支部等各个展示舞台。

实习时,由于她技能扎实、素质全面,轻松地通过面试,被重庆市某学校录用,开始了她幼儿教师的职业生涯。

【点评】像大多数中职学生一样,唐薪岚没有考上普通高中,她为了自己的职业梦想而选择了中职学校。在这里,她像一块海绵,吸收了丰富的职业知识,从而具备了生存的本领和就业的能力;她像一名战士,做好了求职、就业最充分的准备。

【想一想】中职生在各种因素作用下选择了中职学校,把自己的职业梦想放进职业教育,但他们是否真的了解我们所就读的学校? 中职教育对我们未来职业的发展有什么意义?我们该怎样适应中职生活,为实习就业做好准备?

一、了解中职学校

中等职业学校是实施中等职业教育的学校,招生对象是初中毕业生和具有与初中毕业生同等学力的人员,基本学制为三年制。

中等职业教育是在高中教育阶段进行的职业教育,也包括部分高中后职业培训,目前是我国职业教育的主体。其定位是在义务教育的基础上培养大量技能型人才与高素质劳动者。中等职业学校在对学生进行高中程度文化知识教育的同时,根据职业岗位的要求有针对性地实施职业知识与职业技能教育。

目前,我国中等职业学校共有三类:

(1)中等专业学校(简称"中专")。主要招收初中毕业生,学制三年或四年。传统的培养目标是中级技术人员、管理人员和小学教师。改革开放以来(特别是近年来),培养目标已扩大到各类技能型人才。

(2)技工学校。主要招收初中毕业生,学制三年,培养目标是中、初级技术工人。

(3)职业高级中学(简称"职业高中""职高")。在改革教育结构的基础上发展起来的职业学校,大部分由普通中学改建而成,一般招收初中毕业生,学制三年,也有二年和四年的。培养目标与中专和技工学校类似,以生产服务一线的操作人员为主。

这三类学校统称为中等职业学校,简称"中职"。与普通中学相比较而言,中职学校是以就业为导向,能力为本位,突出职业教育(主要是就业教育)。中等职业学校主要培养与我国社会主义现代化建设要求相适应,德、智、体、美全面发展,具有综合职业能力,在生产、服务一线工作的高素质劳动者和技能型人才。

> **超级链接:**
>
> 教育部制定的《关于全面推进素质教育,深化中等职业教育教学改革的意见》,要求中等职业教育要全面贯彻党的教育方针,转变教育思想,树立以全面素质为基础、以能力为本位的观念,培养与社会主义现代化建设相适应,德智体美等全面发展,具有综合职业能力,在生产、服务、技术和管理第一线工作的高素质劳动者和中初级专门人才。

二、中职学习的目的和意义

(一)认识中职学习

中职学校学习与普通中学有很大不同,中职学校的课程设置主要是紧紧围绕某一专业开设专业课程(包含专业理论和专业技能课程),并辅之以文化基础课程和一些公共素质课程,我们应当充分认识中职课程的特点,注意学习方法,提高学习能力,使学业得到较好地发展。

1.学好中职课程

首先,学好基础课程。在中职学校期间,中职生一定要学好文化基础知识,包括语文、英语、数学及本专业要求的基础课程。因为这些文化课程是学习专业课程的基础,只有基础打好了,学习专业课程才能有保证。

其次,学好专业课程。职业教育从根本上说就是就业教育,要就业,就必须要具备就业的专业能力,这就需要学好专业课程。当然,不同专业的中职生有不同的专业课,都要尽力把自身的专业课学好。在学习专业课的时候,学习目标要明确具体,不断提高学习动机和学习兴趣,主动克服各种学习困难。特别要注重对自身综合能力和专业意识的培养。

2.学会学习时间分配

有效利用时间对学业成功非常重要。在中职学习过程中有大量可以自由支配的时间,中职生有效地分配好自己的学习时间,能帮助自己提高办事能力,增强学习效率。

第一,学会把自己可把握的时间进行量化分配。比如哪个时间段练习哪一项技能,哪个时间段参与学校班级活动,等等,学会在规定时间内完成自己所设定任务。第二,学会自我评价和自我监控。可以通过记录学习项目和内容以及完成情况,设计自我监控表格,提高学习的独立性、主动性和自觉性。

3.掌握有效的学习方法

中职学校以专业课程为主,既有文化课,又有专业理论、专业技能课,均有不同的学习方法,特别是技能实训课程,需要根据课程特点及学习规律,自主运用相关的学习方法,才能取得学习效果。同时,每个学生的自身情况不同,中职学生应注意从自己的学习经验中总结适合自己的学习方法。

(二)中职学习的目的和意义

我们为什么选择中职学校?我们在中职学校能学到什么?不怕做不到,只怕不知道。中职学校,不是我们失败的"避风港",也不是我们混日子的"无忧谷"。

超级链接：

现代社会上岗靠竞争，就业靠技能。在就业形势严峻的今天，职业教育使学生能就业、有饭碗。常言道"人往高处走"，学生都有上进成才的愿望。成才的途径多种多样，上大学并非唯一选择，条条道路通罗马。据2009年5月26日教育部新闻发布会介绍，2008年中职毕业生平均就业率95.77%，中职毕业生就业率连续4年超过95%。雄辩的事实证明中职毕业生是社会不可或缺的人才，就业前景看好。高中生弃考学技术，大学生"回炉"上职校是多元成才理念的回归，更是对职业教育地位的肯定。因此，读中等职业学校，不是悲情的选择，而是预约就业的惊喜和赢得尊严。

中职生进入中职学校学习，从专业开始新的学习起点，接受中等职业技术教育，为实习就业打下基础。也就是在中职学校，要学习到求职就业的能力，从而找到理想的工作岗位。对中职生来说，因就业而选择中职学校、选择学习的专业，一旦进入中职学校就要以就业为目标，做好最充分的准备。所以，中职生在校学习的目的非常明确，那就是为顺利就业、实现职业理想而学习。但是，不少中职生对进入中职学校学习目的不明确，学习意义不了解，导致学习缺乏动力、学习成效不理想、不能顺利实习、就业的后果。

就实习、就业而言，中职学习的意义在于：
第一，树立正确的职业意识和就业观念；
第二，培养扎实的专业技能；
第三，养成良好的综合素质；
第四，获得必要的就业能力。

它山之石：

就业碰壁　选择中职

吴曦今年25岁，湖南新化人，高中毕业后四处打工，现在，他在一所中职学校学习模具设计与制造专业已有两年半。曾经6年打工经历，吴曦当过流水线上的工人；在工地打过小工；在近百米的高空驾驶过行车。"在外打工，没技术被人瞧不起，做的都是工资低又辛苦又危险的活儿"。于是，吴曦返回中职就读。在湖北省首届中职技能操作大赛上，吴曦获得了数控车床类全省二等奖。他现在的愿望很实际，毕业后从事所学专业，"有了技术，年龄大了也不怕"。
资料来源：中国共青团网

三、适应中职生活，培养职业意识

中职生选择进中职学校的初衷大多很盲目，有的是因为"成绩不好、考不上普通高中"，有的是为了"较早地找到工作"等等。从初中生转变为一名中职生时，大多数同学带着沮丧、无奈甚至更加消极的心态踏进中职学校。对于在中职学校"学什么""为什么学""怎么学"等问题都很茫然。

中职生活应该是忙碌的，空虚迷惘不属于中职生。如果没有危机意识，并且力求改变，努力上进，我们就会在挥霍时间中，让自己潜在的能量被时间模糊，被惰性消磨，最后还没踏入学校便被淘汰。

所以，我们要尽快摆脱中考失败的自卑心态，去努力适应中职学校学习，学会从职业这个全新的角度，认识所学专业，参与各项活动，体验职业教育。谁能尽快适应新的学习环境，谁就能更快找到自信，开始在新的起跑线上，形成学习动力，做好职业发展的准备，在今后激烈的就业竞争中就能快人一步。

它山之石：

今年 24 岁的田世聪，从前是重庆市荣昌职业教育中心 2005 届模具制造与计算机应用专业毕业生，现在是荣昌职业教育中心数控、模具专业教师。

2002 年 7 月，中考失败，田世聪以 5 分之差未能考上梦寐以求的重点高中。榜上无名，脚下有路，一口气憋不死英雄好汉。他毅然选择了就读职高，要凭技术创造前程。校园里"细节决定成败""习惯决定命运"等许多文化标语牌时时警示他：严格要求自己，注重生活细节，养成良好习惯。铭记着老师那句"技能是职高生的白米饭"，田世聪认真地学好每一门文化课、专业课和技能课，多次获得一等奖学金。除此以外，他要求自己做一个能力强素质高的中职生！于是，他自觉成为老师的好帮手，同学们的领头人。先后担任了班长、学生会体育部长和学生会主席，带领大家活跃在充满生机的校园里。因为他相信：只要自己才能出众，毕业后一定会找到适合自己的理想的工作岗位。

"有志者，事竟成，卧薪尝胆，百二秦关终属楚；苦心人，天不负，破釜沉舟，三千越甲可吞吴！"刻苦学习的他终于获得丰厚回报，2005 年 4 月，学校将他留校任教，担任数控、模具专业的实习指导教师。

资料来源：中国共青团网

中职生如何适应学校生活呢？

首先，要主动从职业的角度，了解社会、了解自己，寻找自身素质与社会需要、职业要求之间的相符之处和差距,从而树立起正确的择业观、就业观、创业观。在此基础上,确定职业发展目标,制订个人职业发展规划。

其次,要合理制订学习计划。做任何事情有了计划就容易取得好的结果,反之则不然。为了防止学习中的被动和无目的的学习,同学们有必要结合自己的实际情况,制订相应的学习计划。因为计划是实现目标的蓝图。

再次,要积极投入中职学校的专业学习,参与丰富的实践活动,树立职业自信、职业责任、职业目标、职业规则、职业角色、职业竞争以及团队合作等职业意识。

拥抱中职生活,准备好踏出第一步,梦想从这里开始!

【拓展阅读】

关于学习的精彩语录

(1)如果你能想到,你就能做到。

(2)你的大脑就像一个沉睡的巨人。

(3)预测未来的最好办法,就是在现在创造未来。

(4)我们知道,每个人的潜力远远超过已经实现的一切。

(5)我们会掌握阅读内容的10%,听到内容的15%,亲身经历内容的90%。

(6)我们今天知道的东西,到明天就会过时。如果我们停止学习,就会停滞不前。

(7)学习应该包括四个层面的课程:自尊,生活技能培训,学习怎样学习,准备特定的基本学术能力、体能和艺术能力。

(8)一个发育良好的头脑、一种学习热情以及把知识融合到工作中去的能力是通向未来的关键。

(9)学习通常也应该有三重目的:①学习技能和有关特定科目的知识——并学习如何能够做得更好、更快、更轻松。②培养综合概念技能——并学会将同一或类似概念应用到其他地方。③培养能轻易应用于你所做一切事情的个人技能和态度。

(10)在学习方面,你的最有价值的财富是积极的态度。

资料来源:《学习的革命》

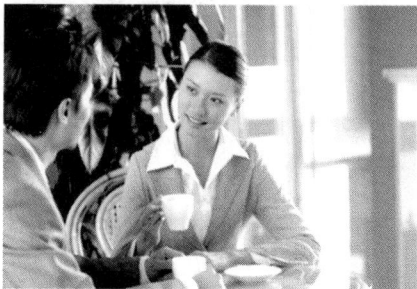

【思考题】

1.你所读的是哪一类型的中职学校?

2.你在中职学校学习的目的是什么?

3.怎样安排好你的中职生活?

【交流与讨论】

中职学校实行职业化管理,专业课的教学环境与实际职业场所相似,学习的过程按照职业人的要求,对学生的成绩评价倾向于行为。特别是在行为规范方面,要求非常严格,比如仪容仪表必须符合要求,发型、着装、配饰等不能随意,必须佩戴校牌,参加社会实践活动必须达到标准,等等。

你对学校的这些管理方式有何看法?

第二单元　综合素质与实习就业

【引例】

什么样的中职生最具就业竞争力？

陶荣晓，是重庆市某职业高级中学2005级商务文秘专业的学生。从进校之日起，不管起点有多么低，都勇于表现自我。在班干部的竞选中，她赢得了在中职学校的第一次成功，也获得了更多的锻炼机会。在校期间，凡是有活动她都积极报名参加，学校丰富多彩的课余生活和社会实践活动，提高了她的理论知识、自身气质、沟通能力和组织能力。正是这样的素质，使她赢得了华夏银行的青睐，进入华夏银行重庆分行实习。

若非一番寒彻骨，哪得梅花扑鼻香！陶荣晓分配到重庆华夏银行秘书科实习，从事文书工作，具体负责全行公文的运转、文件的制作等。面临着前所未有的挑战，凭着"初生牛犊不怕虎"的勇气和韧劲，从对业务知识的不熟悉，到能独立操作所有事务，得到了领导和同事的认可。办公室事情杂、文件多，为避免发生错误，每天工作前她都会对前一天的工作笔记进行翻阅、学习，常常加班到晚上八九点，甚至凌晨两点。尽管感觉苦、累，但她暗暗告诫自己：一定要舍得吃苦！一定要有强烈的责任感！刚刚进入社会，面对残酷的现实与竞争，必须好好珍惜实习岗位，好好珍惜人生的第一份工作！

这期间，陶荣晓看着身边的领导、同事都拥有较高的业务能力和理论水平，都拥有较高的学历，使她意识到必须要抓紧时间，学习学习再学习，进步进步再进步，努力缩短与他们的"差距"。于是在自学秘书(专科)的同时还报名参加了重庆工商大学的国际贸易(本科)专业的学习，使自己在做好本职工作的同时学习到更多理论知识，提高业务能力、提升思想素质、职业素养。因为在人才济济、竞争激烈的当今社会，机遇与挑战并存！2005年9月，陶荣晓正式加入华夏银行。2008年，她被华夏银行重庆分行评为年度"先进个人"和"优秀行员"，这就是对她工作的最好肯定。

【点评】现代快节奏的社会生活中，需要的不仅是专业知识，更需要优秀的综合素质。陶荣晓的职业经历中，帮助她赢得用人单位肯定的，是她孜孜以求的学习态度、爱岗敬业的职业道德、胜任岗位要求的角色意识等综合素质。

【想一想】中职生要在激烈的社会竞争中求职、就业，需要"未雨先绸缪"，必须具备社会所需要的综合素质。综合素质包括哪些方面的素质？在校期间如何提高综合素质？

一、中职生综合素质及构成

(一)综合素质的概念

素质是在人的先天生理的基础上,受后天的教育训练和社会环境的影响,通过自身的认识和社会实践逐步养成的比较稳定的身心发展的基本品质。

综合素质是指人们自身所具有各种生理的、心理的和外部形态方面以及内部涵养方面比较稳定的特点的总称,大体包括身体素质、心理素质、外在素质、文化素质、专业素质等。

超级链接:

教育部制定的《关于全面推进素质教育,深化中等职业教育教学改革的意见》,要求中职生应该具有科学的世界观、人生观和爱国主义、集体主义、社会主义思想以及良好的职业道德和行为规范;具有基本的科学文化素养、必需的文化基础知识、专业知识和比较熟练的职业技能,具有继续学习的能力和适应职业变化的能力;具有创新精神和实践能力;具有立业创业能力;具有健康的身体和心理;具有基本的欣赏美和创造美的能力。

(二)中职生综合素质的构成内容

中职生的综合素质是中职生能力的综合指标,是中职生实习就业基本条件。与中职生实习就业、用人单位需要密切相关的综合素质,主要包括:

1.职业形象

它山之石:

"进入职业门,就是职业人"

陈泓淋是一所中职学校文秘专业的学生,实习时在北京市某区政府做会议服务。每天清晨,她都会比其他实习学生早半个小时起床,这是为什么呢?原来,卫生间比较紧张,她要提前弄好发型。她说:我的动作慢,而我又必须把头发盘好,梳理得一丝不苟,才能符合职业要求,一天上班的心情也才愉快,所以我宁愿比别人早起。在工作中,她处处以一个职业人的心态要求自己,注重自己的职业形象,得到服务对象和用人单位的广泛称赞。

不同的职业需要不同的职业形象。中职生随着对专业学习的不断深入,对行业、职业认识的不断深入,需要树立职业形象的意识,设计符合职业特点的职业形象,让自己具备良好的职业形象,从而对个人今后的求职就业产生深远的影响。

在设计职业形象时,要注意以下几条原则:一是与个人职业气质相契合;二是与个人年龄相契合;三是与工作特点相契合;四是与行业要求相契合。

2.职业道德

"行有行规,业有业德"。

职业道德是指从事一定职业的人在职业生活中应当遵循的具有职业特征的道德要求和行为准则。其基本要求是:爱岗敬业、诚实守信、办事公道、服务群众、奉献社会。

职业道德是职业成功的必要保证。中职生在职校学习生活中,要努力认识职业道德的内容,培养良好的道德品质;在将来职业工作中,应自觉践行职业道德规范,形成良好职业习惯。

它山之石:

用心学　用心做　争一流

周宁芝,宁波经贸学校优秀毕业生,曾担任班长兼学生会学习部长。现为宁波第二百货商店女装商场内衣妇用部主任兼"宁芝专柜"的组长。十多年了,她始终以"用我的真心、诚心,换您的舒心、称心"为服务准则,坚持做到:热心接待顾客、耐心介绍商品、诚心帮助顾客、真心尊重顾客、虚心听取顾客意见。她用真情和热情,赢得了顾客的赞誉和社会的好评,成长为一名在岗位上创业成才、在服务中创新发展的模范。她创立了以"目标顾客三分法""接待顾客八要点""个性服务十一技巧"等为主要内容的"周宁芝品牌服务法",在全市商贸系统中推广。"宁芝式服务"商标已被国家商标局正式注册,成为宁波市首个以个人名字命名的服务商标。

周宁芝先后被评为浙江省、宁波市职业道德建设十佳标兵、市"三八"红旗手、市劳动模范、市优秀服务明星、浙江省劳动模范、全国劳动模范、全国商业服务业"巾帼建功标兵",被中华总工会授予"全国先进女职工"称号和"五一"劳动奖章,当选为中国共产党第十七次全国代表大会代表、改革开放30年宁波'创业创新'风云人物、建国60周年为宁波建设作出突出贡献的先进模范。

资料来源:中国共青团网

3.职业意识

职业意识是指中职生在职业问题上的心理活动,是中职生对职业的认识、情感和意向的总和。它包括中职生对职业的一般了解、对职业的价值取向、对未来职业的期望、对职业现状的了解、对自我的认识等。中职生通过学习和实践,需要树立起的职业意识,主要包括:

(1)自信意识。中职生在中职学校要重新树立自信心,并对未来职业生涯充满希望。

(2)职业目标意识。中职生有了自己明确的职业目标和方向,才会在专业学习和将来工作中围绕目标去奋斗和努力。

(3)责任意识。中职生只有具备责任意识,才能成为对自己和他人,对家庭和集体,对国家和社会负责的职业人,才能遵守职业规范,承担职业责任和履行职业义务。

(4)团队意识。中职生需要从职业的角度认识人际关系,树立主动交往和合作的团队意识。

(5)规则意识。中职生需要具有在职业活动中遵守规则、在规则的要求下发挥自己专长的职业意识。

(6)角色意识。中职学生应该树立起做岗位要求的事,并达到岗位要求的角色意识。

(7)竞争意识。中职生求职就业就是其职业素质的竞争;有无竞争意识往往影响着中职生能否找到合适的职业,能否取得未来职业的发展。

4.技术技能素质

技术技能素质指的是一个人因从事某种专门职业所必须具备的智力技能和操作技能。所谓智力技能,是指借助于语言在头脑中进行的智力活动的方式,如阅读、心算、解题、作文等方面的技能。所谓操作技能,又叫动作技能,指书写、打字、演奏乐器、使用生产工具等方面的技能。

掌握专业技术技能是中职学生的基本任务和基本素质。中职生专业技术技能的形成,既是中职生领会、巩固和应用专业知识的重要条件,也对将来在职业活动中提高独立工作能力和创造力,具有极大促进作用。所以,只有掌握一定的技术技能,开发智力,培养能力,中职生才能在工作岗位上有更大贡献。

5.社会适应能力

社会适应能力的强弱,是中职学生素质高低的重要标志。

超级链接:

社会适应能力,又称社会健康。指个体与他人及社会环境相互作用、具有良好的人际关系和实现社会角色的能力。广义的说法将社会适应能力等同于适应行为，即：社会适应能力是指人类有机体保持个人独立和承担社会责任的机能；狭义的说法将社会适应能力等同于人际交往和社会技能。

中职生的社会适应能力是指中职生适应社会环境，承担一定社会角色，从事职业活动所需要的基本能力。是中职生适应社会、融入社会的能力。包括对自然环境的适应、人际交往的适应、规范意识的适应、合作竞争的适应以及抗挫折能力，等等。

中职学生最终都要走向社会，社会适应能力影响着就业及其就业后的发展。良好的社会适应能力，能使个体与环境处于协调、平衡的状态，个体便会身体健康，情绪乐观、稳定，学习和工作游刃有余。当一个人长期不能适应环境，即处于和环境的冲突、抵触状态下，则会出现焦虑、苦恼、烦躁等负面情绪，影响到身心健康和能力的发挥，降低生活质量和工作效率。

适者生存，生存是为了发展。对社会和环境的适应是积极主动的，不能消极的等待和却步。中职生只有具备较强的社会适应能力，走入社会后才能缩短自己的适应期，充分发挥自己的优势。

6.沟通能力

沟通是指可理解的信息或思想在两个或两个以上人群中的传递或交换的过程。沟通主要有两种类型，其一是语言沟通，其二是非语言沟通，即肢体语言和书面语言。现代社会的进步和科学技术的发展，要求每个出色的成员必须具备较强的沟通能力。因为，作为单个的人已不可能再像过去那样独立地去完成任何工作。

在与他人沟通时，应注意以下几点：一是要注意沟通中双方的互惠；二是学会站在对方的立场和观点上看问题；三是要积极在矛盾和冲突中寻找共同点。

沟通还要避免以下几种过失：一是对别人任意评价；二是不恰当的询问；三是命令的语气；四是威胁的话语；五是模棱两可的观点；六是注意力不集中；七是言不由衷。

7.心理素质

心理素质是指在一定遗传的基础上，在主体努力、外界教育和环境影响的共同作用下，个体形成的心理状态、心理品质和心理能力的综合。一个人心理素质的好坏主要体现在其心理状态的正确与否、个体心理品质的优劣、心理能力的强弱等方面，体现在个体行为习惯和社会适应状态之中。

中职学生在学习生活中，需要使自己经常保持一种良好的心态。因此，中职学生要树立正确的人生观和价值观，热爱生命和工作，善待自己和生活；不断学习

推进中职又好又快发展

新知识,掌握新本领,不断发展自己,提高自己处理问题的能力;努力做到知己知彼,扬长避短,量力而行,乐观自信,不卑不亢,坚定而不固执,谦虚而不卑贱,温柔而不懦弱,和睦而不迁就,独立而不孤僻;学会及时调控自己的情绪,遇到挫折能排遣、摆脱、发泄或转移,从而战胜挫折;提高人际沟通能力,建立良好人际关系。

二、中职生综合素质的重要性

> **超级链接:**
>
> 　　社会对人才的需求发生了较大的变化,其中一个主要变化就是从专业型转变为素质型,现在大部分用人单位对中职生不仅有专业技能上的要求,更重要的是综合素质上的要求。有的单位直接表示专业无所谓,只要学生的综合素质强就可以考虑接收。比如很多单位在招人时都要求非计算机专业的学生也能熟练地操作计算机;而对计算机专业的学生要求有文秘基础,等等。从用人单位所透露出的信息来看,综合素质强的中职生最受青睐。他们需要中职生具备较高的职业素质、较好的思想品德、规范的行为习惯、能吃苦耐劳、有较强的组织观念和服从意识……

中职生要获得实习就业岗位,必须有较高的综合素质,综合素质是获得职业的重要条件。一个人的素质水平,决定着一个人获得的岗位状况,决定着一个人的职业选择,决定着一个人的求职能力和创业能力。此外,一个人的素质水平,对于走上职业岗位以后的职业生涯发展状态,也有关键性的影响。所以,只有综合素质提高了,才能提高中职生的就业能力和就业竞争力。其重要性具体表现在:

(1)中职生综合素质是进入就业市场的基本准入条件,是决定能否就业的决定性条件。如果中职生在职业形象、职业意识、技术技能、沟通能力等综合素质方面存在问题,就会在用人单位的笔试或面试过程中表现出来,综合素质强的中职生将直接进入用人单位视野,而存在问题的某一方面素质会成为中职实习、就业的障碍。

(2)提高中职生综合素质是提高我们生存竞争能力重要"法宝"。近年来受金融危机的影响,普通高校大学毕业生就业困难,并涌入劳动力市场,给中职生就业形成更大压力。中职生要想提高自己的生存竞争实力,就必须在综合素质方面胜人一筹。综合素质成为中职生生存竞争的一张"王牌"。

(3)中职生综合素质是中职生可持续发展的关键因素。中职生从学校进入用人单位实习或就业后,综合素质在工作岗位上更加明显地反映出来,它直接关系到从学生身份转变为工作人员后的继续发展问题。所以,很多用人单位在实习学生和员工实习或试用期,就会对他们的综合素质进行慎重考察,以便了解实习学生或员工可持续发展的潜质。

近年来,中职生虽然还保持着高就业率,但就业质量和就业稳定率逐步下滑,特别是岗位转换频繁成为突出问题,说明中职毕业生自身综合素质不高,适应社会的能力差,难以符合用人单位的要求。因此,提高中职生综合素质是企业的需要,更是学生发展的需要。

三、如何提高中职生综合素质

超级链接:

在重庆市教科院对中职学生的问卷调查中,关于"你觉得中职毕业生应具备哪些素质"这一项,有25%的学生认为是"专业水平",有21%认为是"心理素质",有20%认为是"沟通能力",适应能力和品德都占12%,还有10%认为是"组织能力"。从被调查学生的选择的多样性中,可以透露出当前中职生对自身的能力有更高的要求,并善于从各方面学习知识、锻炼自己、培养自己,让自己在就业时有更多的选择。

作为一名中职学生,在校学习期间,努力学习专业知识和技能的同时,应致力于自己全面素质的提高,要坚持知识、能力和素质的协调发展。

(1)通过学校进行的职业指导,了解就业信息、就业技巧,树立客观、务实的择业观念,调整心态,找准自己将来在社会中的位置。

(2)向优秀中职毕业生学习,了解他们在平凡的劳动岗位上做出的不平凡的事迹,以及求职就业成功事例,从中得到教育和启示,从职业态度、敬业精神等方面严格要求自己,形成职业道德素质。

(3)对所学专业要产生兴趣,在专业学习中提高职业素质、职业知识、职业技能,做好角色转换的心理准备,缩小从学校到职场的断层,实现零距离上岗。

(4)通过社会实践活动,提前了解社会的需求,了解用人单位需要员工具有哪些能力,在学习中更加自觉地将自己锻炼成为企业真正需要的人才,从而具备成功就业的综合素质。

(5)积极参加社团组织,参与丰富的课外活动,学会与领导、老师、同学等不同个性的人打交道,不仅能展示特殊的个人魅力,增强自信,还可以培养自己的交友能力,提升我们的承受能力和解决问题的能力。提前学会做人处事,为以后的职场生存做好准备。将来踏入社会,更加游刃有余。

【拓展阅读】

李开复博士提出的"21世纪最需要的7种人才素质"

创新实践 左右脑并重,既创新又有实践,离开实践只谈创新会导致创新的想法比较空洞;

跨领域合作 21世纪要求人才不仅有自己的专业技术,更要求人才跨越专业的局限,在不同的领域不断完善自己;

高情商合作 有一个比较高的智商固然重要,但是21世纪需要的人才是跨国界、跨领域的合作者,一个孤僻、自傲的天才不再是最好的人才,一个高情商合作者能为他的团队带来巨大成功;

高效能沟通 理解你的听众,用最有效率的方式、方法与他们沟通,尝试去引导你的听众,而不是说教;

热爱工作 做自己喜爱的工作,让自己对工作产生热情,你会发现热情会带给你巨大的回报;

积极主动 沉默不一定是金,机遇往往会偏爱那些善于把握机会、制造机会的人,21世纪需要更主动的人才,要让别人了解你的能力和才干;

乐观向上 每个人在一生中总会遇到大大小小的挫折与失败,把握挫折与失败给你带来的机会,从挫折与失败中学习,做一个乐观向上的人。

资料来源:《开复学生网》

【思考题】

1.按照职业形象的设计原则,给自己设计一个职业形象。

2.你打算如何提高自己的综合素质?

3.搜集优秀中职学生事例,找出他在求职就业方面值得学习或借鉴的经验。

【交流与讨论】

在一份对企业招聘人才要求的调查中,"希望招聘的毕业生在校期间要多掌握哪方面的知识及具备哪方面的能力"这一项的统计结果是:爱岗敬业占92.2%,合作精神占83.5%,沟通能力占77.7%,个人修养方面的知识占68%,本专业只是占54.4%,相近专业只是占48.5%。在企业所欣赏的品质中,排在前三位的是爱岗敬业、合作精神、吃苦耐劳;在企业所欣赏的能力中,执行能力、动手能力排在前两位。调查结果还表明,企业需要有知识、懂技术、有动手能力的人才,但企业更关注员工的思想品德、爱岗敬业的精神和执行能力。甚至有的企业领导讲,"努力比能力更重要,即使学生动手能力差一点,但只要他热爱这个岗位、有敬业精神、肯钻研,我们都愿意招收,到了企业我们可以先培养、后使用。"

而在企业看重员工哪些素质问题上,学生的回答和企业的回答相差甚远,学生认为企业最看重的是新员工的创新能力。

(1)企业对员工素质的招聘要求的调查结果说明什么问题?

(2)关于员工的素质,学生的看法与企业的要求不符,说明了什么?

第三单元　实习就业法律法规

【引例】

试用期的期限问题

2008年7月份，重庆某中职学校计算机专业应届毕业生小王到一电脑公司应聘，该公司与其签订一年的劳动合同，试用期为6个月，工资400元。试用期到期前10天，该公司表示还要对其考察，如果小王同意，公司再与其续签3个月的试用期，小王为了今后能留在该公司工作，便同意再签3个月的试用期。合同到期前，该公司通知小王在试用期内达不到录用条件，不再录用，就此辞退了小王。

【点评】《劳动合同法》对试用期的相关事宜作了限定：试用期的期限不得超过六个月；试用期次数为同一用人单位与同一劳动者只能约定一次试用期；试用期的工资，不得低于本单位相同岗位最低档工资，并不得低于用人单位所在地的最低工资标准。从小王这个案例来看，电脑公司违反了《劳动合同法》对试用期的期限、试用期次数、试用期的工资的规定。

【想一想】对于中职学校的同学们来说，要想在不久的将来顺利就业，现在就要认真了解中职生实习的相关规定；知晓有哪些政策法规能够保护劳动者的合法权益。

一、中职生实习的相关规定

改革开放以来，我国逐步由计划经济向社会主义市场经济过渡，就业方式也从国家用统一政策包下来，逐步形成今天的"以劳动者自主就业为主导，以市场机制调节就业为基础，以政府促进就业为动力"的就业制度新格局，就业渠道不断拓宽。中职学校的学生的实习就业形势也越来越好，这几年的就业率甚至高于了大学毕业生。但不可否认的是中职学校的学生的实习就业还存在许多不容忽视的问题，如果不重视这些问题，不能很好解决这些问题，将会影响中职学校学生的实习就业，也会影响中职学校的健康发展。如：部分学生对三年学制为什么要用一年来实习有疑惑；对我国当前的就业政策和就业制度不了解；对实习就业中应该怎样保护自己的合法权益不清楚；当自己的

合法权益受到侵犯时应该怎么办不知道,等等,这就需要我们了解相关的法律法规,学习运用法律法规和相关的知识保护自己的权益不受侵犯。

学生实习,主要是指中等职业学校按照专业培养目标要求和教学计划的安排,组织在校学生到企业等用人单位进行的教学实习和顶岗实习,是中等职业学校专业教学的重要内容。教学实习应结合课程内容,一般安排在第一学年、第二学年,利用校内实验室、仿真模拟实训室和校外实习基地进行,学生边学边练,提高技能。顶岗实习安排在第三学年,要组织学生到生产服务一线参加顶岗锻炼。

为进一步规范对中等职业中学的管理,加强实践教学,确保学生实习工作安全、有序地开展,取得预期效果,教育部、财政部于 2007 年制定了《中等职业学校学生实习管理办法》。各地教育主管部门根据教育部和财政部的文件精神,制定了实施意见,综合这些意见可以归纳为以下几个方面:

(一)组织学生实习是中等职业学校的一项重要工作

组织学生实习,是实施素质教育,坚持教育与生产劳动相结合,培养学生职业道德和职业技能,实现高质量就业的重要过程。加强实习管理,是保证实习工作正常开展和如期完成教学计划的关键。各职业学校要充分认识加强实习管理的重要性,加强领导、健全制度,使实习教学工作安全、有效地开展,全面提高职业教育的实践教学管理水平。

(二)严格按照管理程序组织学生顶岗实习

1.顶岗实习的对象和时间

三年级学生,年龄必须在 16 周岁以上,身体健康,有良好的职业道德、安全意识、爱岗敬业,遵纪守法,具有本专业技术等级职业资格证书,参加毕业文化课和专业理论考试合格的学生。顶岗时间半年以上,不得超过一年。

2.顶岗实习的程序

由学生申请并出具书面报告,家长同意签字,经学校审核,联系实习单位后,提交顶岗实习登记表和学校与实习单位签订实习协议,组织学生到相关单位进行顶岗实习。

3.实习单位的基本条件

合法,生产经营秩序正常,实习专业与学生所学相同或相近,工作时间、劳动强度和保护措施等方面执行国家有关规定,不安排从事过重、有毒的劳动或危险作业,必须参加意外伤害保险,有良好的生活设施条件。

4.顶岗实习期间的管理

在每个实习单位必须至少配备一名实习指导老师,承担实习生日常管理,与实习单位共同做好指导、督促和考核实习生的实习工作,切实关心学生的身心健康,认真做好安全事故的预防工作。学校必须成立实习督查组,定期和不定期地到实习单位进行巡回检查,实习指导老师每周向学校汇报实习情况,定期向家长通报,遇到重大意外情况必须及时向学校和学校主管部门请示汇报,依据《学生伤害事故处理办法》和有关法律法规处理。

超级连接:

职中(级)实习生登记表

专业:	班级:	相	
姓名:	性别:		
出生年月日:	健康状况:		
身高:	体重:		
家庭住址:	邮政编码:	片	
家庭电话:	身份证号码:		

家庭主要成员	称谓	姓名	工作(学习)单位及职业	电话	邮政编码

自我简介	
奖惩情况	
主要专业课与公共素质课学习情况	

(三)建立健全顶岗实习的有效措施和工作制度

(1)学校要建立实习管理网络,层层落实责任。根据实习专业特点,制定实习管理的规范性文件和实习过程中必须遵守的规章制度,建立完善的实习信息反馈、实习检查、实习考核和档案管理制度,对学生实习的人身安全管理,要坚决做到责任到人。

（2）在实习前，各学校要切实做好学生的思想政治工作，要组织学生进行岗前培训，包括职业道德、安全意识、劳动观念、法律法规、社会规范等。严格按照国家、省、市有关文件规定的收费标准收取每学期(年)学杂费。

（3）各学校要认真考察实习单位。实习单位必须符合实习要求，如果确有需要安排学生赴国(境)外实习的，应当通过国家驻外有关机构了解实习环境、实习单位和实习内容等情况。实习单位与学生遵循合法、公平、平等自愿、协商一致、诚实信用的原则，签订实习协议。对不能达到实习目的，危害学生身心健康的单位，学校不得组织学生前去实习。

（4）在实习期间，各学校要本着对学生负责的精神，加强与实习单位沟通，共同履行实习协议，科学地协调好实习单位和实习学生之间的劳动关系。要遵循法律法规及有关规定，切实维护学生的合法权益，督促实习单位向实习学生及时支付合理的实习报酬。

（5）在实习期间，实习学生应当严格遵守学校和实习单位的规章制度，服从管理；未经学校批准，不准擅自离开实习单位；不得自行在外联系住宿；违反实习纪律的学生，应接受指导教师、学校和实习单位的批评教育，情节严重的，学校可责令其暂停实习，限期改正。

（6）实习期满，各学校应及时做好本年度实习工作总结，并对每位实习学生作出书面鉴定，作为学生毕业的重要依据，鉴定材料存入学生毕业档案。

超级链接：

中等职业学校学生实习管理办法

第一条　为规范管理中等职业学校开展学生实习工作，保护实习学生的合法权益，根据《中华人民共和国教育法》《中华人民共和国劳动法》《中华人民共和国职业教育法》和国家有关规定，制定本办法。

第二条　中等职业学校(以下简称"学校")学生实习，应全面贯彻国家的教育方针，实施素质教育，坚持教育与生产劳动相结合，遵循职业教育规律，培养学生职业道德和职业技能，促进学生全面发展和就业，提高教育质量。

第三条　本办法所称学生实习，主要是指中等职业学校按照专业培养目标要求和教学计划的安排，组织在校学生到企业等用人单位进行的教学实习和顶岗实习，是中等职业学校专业教学的重要内容。中等职业学校三年级学生要到生产服务一线参加顶岗实习。

第四条　学生实习由学校和实习单位共同组织和管理。学校和实习单位在安排学生实习时，要共同制订实习计划，开展专业教学和职业技能训练，组织参加相应的职业资格考试；要建立辅导员制度，定期开展团组织活动，加强思想政治教育和职业道德教育。学校和实习单位在学生实习期间，要维护学生的合法权益，确保学生在实习期间的人身安全和身心健康。

第五条　组织安排学生实习，要严格遵守国家有关法律法规，为学生实习提供必要的实习条件和安全健康的实习劳动环境。不得安排一年级学生到企业等单位顶岗实习；不得安排学生从事高空、井下、放射性、高毒、易燃易爆、国家规定的第四级体力劳动强度以及其他具有安全隐患的实习劳动；不得安排学生到酒吧、夜总会、歌厅、洗浴中心等营业性娱乐场所实习；不得安排学生每天顶岗实习超过8小时；不得通过中介机构代理组织、安排和管理实习工作。

第六条　学校应当建立健全学生实习管理制度，要有专门的实习管理机构，要加强实习指导教师队伍建设，要建立学生实习管理档案，定期检查实习情况，处理实习中出现的有关问题，确保学生实习工作的正常秩序。

第七条　实习单位要指定专门人员负责学生实习工作，根据需要推荐安排有经验的技术或管理人员担任实习指导教师。

第八条　实习单位应向实习学生支付合理的实习报酬。学校和实习单位不得扣发或拖欠学生的实习报酬。

第九条　企业接收学生实习并支付给实习学生的报酬，按照《财政部国家税务总局关于企业支付学生实习报酬有关所得税政策问题的通知》（财税[2006]107号）有关规定在计算缴纳企业所得税前扣除。

第十条　建立学校、实习单位和学生家长经常性的学生实习信息通报制度。学生到实习单位顶岗实习前，学校、实习单位和学生本人或家长应当签订书面协议，明确各方的责任、权利和义务。学生在校内参加教学实习，学校和学生本人或家长是否签订书面协议，由学校根据情况确定。

第十一条　学校安排学生赴国（境）外实习的，应当根据需要通过国家驻外有关机构了解实习环境、实习单位和实习内容等情况，必要时可派人实地考察。要选派指导教师全程参与，做好实习期间的管理和相关服务工作。

第十二条　学校和实习单位应当加强对实习学生的实习劳动安全教育，增强学生安全意识，提高其自我防护能力；要为实习学生购买意外伤害保险等相关保险，具体事宜由学校和实习单位协商办理。实习期间学生人身伤害事故的赔偿，依据《学生伤害事故处理办法》和有关法律法规处理。

第十三条　实习学生应当严格遵守学校和实习单位的规章制度,服从管理;未经学校批准,不准擅自离开实习单位;不得自行在外联系住宿;违反实习纪律的学生,应接受指导教师、学校和实习单位的批评教育,情节严重的,学校可责令其暂停实习,限期改正。学生实习考核的成绩应当作为评价学生的重要依据。

第十四条　各级教育行政部门应当加强实习管理工作,建立健全实习管理制度,加强监督检查,协调有关职能部门、实习单位和其他有关方面,共同做好实习管理工作,保证实习工作的健康、安全和有序开展。

第十五条　对积极开展中等职业学校学生顶岗实习工作,管理规范、成绩显著的学校和单位,以及先进个人给予表彰奖励。

第十六条　对不履行实习管理职责的学校和实习单位,负有管理责任的政府有关部门应当责令其限期改正,对拒不改正或者因工作失误造成重大损失的,应当对直接负责的主管人员和其他直接责任人员给予行政处分;构成犯罪的,依法追究刑事责任。

第十七条　本办法自发布之日起施行。

教育部　　财政部
二〇〇七年六月二十六日

二、我国当前的就业制度及主要政策措施

(一)就业制度

就业和失业是困扰政府的重大问题,创造就业、减少失业已经成为国家发展的主要任务之一。

从新中国成立到20世纪80年代前,中国的就业体制是一个统分统包、城乡分割、国家就业重点集中在城镇的就业体制。在这一特定历史条件下形成的就业和失业制度,在一个时期内对于促进经济建设和工业化进程、扩大劳动者就业和促进社会稳定等方面都发挥了重要作用。但随着我国越来越深入地向市场经济转型,向世界经济开放,这种体制也越来越表现出不相适应的地方,传统劳动就业与失业制度改革势在必行。改革主要经历了几个阶段:1980年突破了统包分配的就业制度,提出"三结合"的就业方针,即在国家统筹规划和指导下实现劳动部门介绍就业、自愿组织起来就业和自谋职业相结合。然后劳动就业政策随着国有企业改革的步伐不断前进,1983—1986年改革企业招工用

就业政策

工制度,使企业拥有一定的用工自主权。1986—1992 年搞活固定用工制度。1992 年至今建立了现代企业制度为契机实行市场化的就业政策。

2002 年,中共中央、国务院召开全国再就业工作会议,下发《关于进一步做好下岗失业人员再就业工作的通知》,各部门围绕这一通知,共同研究了 5 个配套文件,各地区也采取了相应的政策措施,最终形成了一套具有中国特色的积极的就业政策。积极的就业政策包括四个方面:以提高经济增长对就业的拉动能力为取向的宏观经济政策;以实现劳动力和就业需求合理匹配为取向的劳动力市场政策;以减少失业为取向的宏观调控政策;以保障下岗失业人员基本生活为取向的社会保障政策。这四个方面相互配套,相互支撑,相互促进,初步形成了在新形势下促进经济发展,拉动就业政策体系的中国特色的就业制度。

2006 年,党的十六届六中全会通过了《中共中央关于构建社会主义和谐社会若干重大问题的决定》,和谐社会成为统领我国各项经济和社会政策的基本价值取向和目标。该决定要求从 7 个方面加强社会建设,实现"实施积极的就业政策,发展和谐劳动关系"是其中重要内容之一。决定指出,要把扩大就业作为经济社会发展和调整经济结构的重要目标,实现经济发展和扩大就业良性互动;要大力发展劳动密集型产业、服务业、非公有制经济、中小企业,多渠道、多方式增加就业岗位;实行促进就业的财税金融政策,积极支持自主创业、自谋职业;要健全面向全体劳动者的职业技能培训制度,加强创业培训和再就业培训;要深化户籍、劳动就业等制度改革,逐步形成城乡统一的人才市场和劳动力市场。决定进一步明确了扩大就业与经济发展的关系,把扩大就业作为经济社会协调发展和调整经济结构的重要目标。

2007 年 8 月 30 日《中华人民共和国就业促进法》颁行,并于 2008 年 1 月 1 日起实施。这部法律在社会主义和谐社会重要思想指导下,针对我国转型时期劳动力供给总矛盾和结构性矛盾并存的特点,从促进劳动者就业、下岗失业人员再就业、维护劳动者权益、完善社会保障体系等方面提供了重要的法律制度保障。

2008 年下半年,由于次级债引发的金融危机迅速从局部蔓延至全球,我国的经济发展和就业形势面临更为严峻的挑战。据有关部门统计,2008 年第四个季度末全国城镇登记失业率为 4.2%,比上一年底上升了 0.2%,这标志着连续数年的失业率下降趋势走到了拐点。2008 年底至 2009 年初出现的部分中小企业倒闭潮和农民工提前返乡现象使中国的就业形势极为严峻。2008 年 12 月 8 日,中央经济工作会议召开。会议提出把加快发展方式转变和结构调整作为经济增长的主攻方向,并进一步提出实施更加积极的就业政策,确保就业形式基本稳定。

为落实中央经济工作会议精神,国务院连续出台十大产业振兴规划刺激经济,并发布了一系列促进就业的重大措施。2009 年 2 月国务院发布《关于做好当前经济形式下就业工作》的通知,并提出与之相适应的各项具体措施。通知的发布是我国新形势下抵御金融危机,促进就业的重要举措,与就业促进法确立的各项法律制度相配套,逐步完善了有中国特色的就业制度。

(二)主要政策措施

(1)发展经济扩大就业。一是鼓励支持和引导个体、私营等非公有制经济发展。二是发展第三产业和服务业,发展具有比较优势的劳动密集型行业和中小企业,增加就业容量。三是鼓励劳动者通过多种灵活形式实现就业。

(2)鼓励劳动者自谋职业和创业,给予扶持政策。一是对自谋职业和自主创业从事个体经营的,在规定限额内一次减免营业税、城市维护建设费、教育附加费和个人所得税;并免收属于管理类、登记类和证照类的各项行政事业性收费,期限最长不超过3年。对自筹资金不足的,提供小额担保贷款支持,对微利项目,由财政据实全额贴息。二是对符合贷款条件的劳动密集型小企业,招用下岗失业人员达到企业职工总数30%以上的,根据实际招用人数,提供100万元以内的担保贷款,并给予50%的贴息。

(3)鼓励企业吸纳人员就业。一是对商贸企业、服务业按实际招用人数,在合同相应期限内定额一次减免营业税、城市维护建设税、教育附加税、所得税,期限最长不超过3年。二是对各类商贸企业、服务业按实际招用人数,给予社会保险补贴,期限与劳动合同期限一致,最长不超过3年。补贴标准按企业应为所招人员缴纳的养老、医疗和失业保险费计算。

(4)鼓励灵活就业并提高就业稳定性。对女性年满40周岁、男性年满50周岁的人员从事灵活就业后,申报就业并参加社会保险的,给予一定数额的社会保险补贴,期限最长不超过3年。

(5)开发公益性就业岗位,对就业困难的对象提供相应的政策扶持。一是政府投资开发的公益性岗位要优先安排就业困难对象,并给予社会保险补贴。对下岗失业人员中的"4050"对象,工作超过3年的,社会保险补贴期限可以相应延长。二是各地可根据实际提供适当比例的岗位补贴,补贴标准由当地政府确定。

(6)促进城乡统筹就业,改进就业服务,强化职业培训。一是实施高校毕业生、退役军人等各类群体的就业政策,加强对他们的就业服务和职业培训。二是完善公共就业服务制度,对城镇其他登记失业人员,以及进城登记求职的农村劳动者,提供免费的职业介绍服务。三是加强劳动力市场信息系统建设。四是开展多层次、多形式的职业培训,提供一次性职业培训补贴。五是大力开展农民工职业培训,提升农民工的就业能力。

(7)开展失业调控,加强就业管理。一是建立失业监测预警机制。二是稳步推进国有企业重组改制和关闭破产工作,严格审核并监督落实职工安置方案。三是继续鼓励国有企业进行主辅分离辅业改制,实施减免企业所得税。四是规范企业裁员行为,鼓励企业稳定就业。五是规范劳动力市场秩序,定期开展劳动力市场清理整顿活动。六是做好失业登记统计工作,建立劳动力抽样调查制度。七是加快推进就业工作法制化建设。

(8)进一步完善社会保障制度,建立与促进就业的联动机制。建立促进就业与失业保险、城市居民最低生活保障工作的联动机制。进一步完善失业保险和城市居民最低生活保障待遇的申领办法和申领条件,建立促进就业的激励约束机制。加强对失业人员和城市居民最低社会保障对象的管理。

三、劳动合同法简介

(一)劳动合同的概念

劳动合同是劳动者与用工单位之间确立劳动关系,明确双方权利和义务的协议。劳动合同是建立劳动关系的凭证,是确立劳动法律关系的形式,是调整劳动关系的手段,也是处理劳动争议的重要依据。劳动合同是劳动者维护自身合法权益的重要依据,对于劳动者十分重要。

(二)劳动合同的种类

劳动合同分为固定期限劳动合同、无固定期限劳动合同和以完成一定工作任务为期限的劳动合同。

1.固定期限劳动合同

固定期限劳动合同是指用人单位与劳动者约定合同终止时间的劳动合同。具体是指劳动合同双方当事人在劳动合同中明确规定了合同效力的起始和终止的时间。劳动合同期限届满,劳动关系即告终止。如果双方协商一致,还可以续订劳动合同,延长期限。固定期限的劳动合同可以是较短时间的,如半年、一年、两年,也可以是较长时间的,如五年、十年,甚至更长时间。不管时间长短,劳动合同的起始和终止日期都是固定的。具体期限由当事人双方根据工作需要和实际情况确定。

2.无固定期限劳动合同

无固定期限劳动合同是指用人单位与劳动者约定无确定终止时间的劳动合同。

用人单位与劳动者协商一致,可以订立无固定期限劳动合同。有下列情形之一,劳动者提出或者同意续订劳动合同的,应当订立无固定期限劳动合同:

(1)劳动者已在该用人单位连续工作满十年的;

(2)用人单位初次实行劳动合同制度或者国有企业改制重新订立劳动合同时,劳

动者在该用人单位连续工作满十年且距法定退休年龄不足十年的;

(3)连续订立二次固定期限劳动合同且劳动者没有《劳动合同法》第三十九条规定的情形续订劳动合同的。

用人单位自用工之日起满一年不与劳动者订立书面劳动合同的,视为用人单位与劳动者已订立无固定期限劳动合同。

由于缺乏对无固定期限劳动合同制度的正确认识,不少人认为无固定期限劳动合同是"铁饭碗"、"终身制",认为无固定期限劳动合同一经签订就不能解除。因此,很多劳动者把无固定期限劳动合同视为"护身符",千方百计要与用人单位签订无固定期限劳动合同。另一方面,用人单位则将无固定期限劳动合同看成了"终身包袱",想方设法逃避签订无固定期限劳动合同的法律义务。

这里所说的无确定终止时间,是指劳动合同没有一个确切的终止时间,劳动合同的期限长短不能确定,但并不是没有终止时间。只要没有出现法律规定的条件或者双方约定的条件,双方当事人就要继续履行劳动合同规定的义务。一旦出现了法律规定的情形,无固定期限劳动合同也同样能够解除。

3.以完成一定工作任务为期限的劳动合同

该劳动合同是指用人单位与劳动者约定以某项工作的完成为合同期限的劳动合同。即以完成某项工作或者某项工程为有效期限,该项工作或者工程一经完成,劳动合同即终止。

(三)劳动合同应具备的条款

《劳动合同法》第十七条规定,劳动合同应当具备以下条款:

(1)用人单位的名称、住所和法定代表人或者主要负责人;

(2)劳动者的姓名、住址和居民身份证或者其他有效身份证件号码;

(3)劳动合同期限;

(4)工作内容和工作地点;

(5)工作时间和休息休假;

(6)劳动报酬;

(7)社会保险;

(8)劳动保护、劳动条件和职业危害防护;

(9)法律、法规规定应当纳入劳动合同的其他事项。

劳动合同除前款规定的必备条款外,用人单位与劳动者可以约定试用期、培训、保守秘密、补充保险和福利待遇等其他事项。

(四)劳动合同的效力

根据《劳动法》第十八条的规定,违反法律、行政法规的劳动合同和采取欺诈、威胁等手段订立的劳动合同都是无效劳动合同。劳动合同的无效,由劳动争议仲裁委

员会或者人民法院确认,引起无效的原因大体有以下几种:

1.合同主体不合格

如受雇一方提供了假的学历、学位、专业技术资格证书,聘用单位不具备招聘资格等。

2.合同内容不合法

即劳动合同有悖法律、法规及善良风俗,或是损害了国家及社会的公共利益。如约定制造冰毒、假钞等。内容不合法的劳动合同不受法律保护。

3.意思表示不真实

劳动合同是双方合意的产物,应该是当事人真实的意思表示。采取欺诈、威胁等手段订立的劳动合同,违背一方的真实意愿,因而是无效的。

4.合同形式不合法

这是指劳动合同没有采取书面形式、当事人也未实际履行主要义务,或者依法或应当事人要求应当鉴证的劳动合同没有鉴证等。在一般情况下,只要当事人采取补救措施,使合同形式上合法化后,就可以认定合同有效。

(五)劳动合同的订立

(1)《劳动合同法》第三条规定:订立劳动合同,应当遵循合法、公平、平等自愿、协商一致、诚实信用的原则。依法订立的劳动合同具有约束力,用人单位与劳动者应当履行劳动合同规定的义务。

(2)签订劳动合同由用人单位与劳动者协商一致,并经用人单位与劳动者在劳动合同文本上签字或者盖章生效。劳动合同文本由用人单位和劳动者各执一份。

不要轻看就业协议书的法律效力

超级链接:

劳动合同样本

招聘方(简称甲方):＿＿＿＿＿＿＿＿＿＿＿＿

受聘方(简称乙方):＿＿＿＿＿＿＿＿＿＿＿＿

甲方招聘合同制职工,按有关规定,已报请有关部门批准。甲方已向乙方如实介绍涉及合同的有关情况;乙方已向甲方提交劳动手册。甲乙双方本着自愿、平等的原则,经协商一致,特签订本合同,以便共同遵守。

第一条 合同期限

合同期限为＿＿＿＿年(或＿＿＿＿个月),从＿＿＿＿年＿＿＿＿月＿＿＿＿日至＿＿＿＿年＿＿＿＿月＿＿＿＿日止。

第二条 试用期限

试用期限为_____个月(或_____年)。即从_____年_____月_____日起至_____年_____月_____日止。

(试用期限的长短,有关部门有规定的,按规定执行;有关部门无规定的,由招聘方根据受聘方的工作能力和实际水平确定。)

第三条 职务(或从事某工种的工作)

甲方聘请乙方担任_____职务(或从事某工种的工作)。

第四条 工作时间

每周工作_____天,星期_____休息。每天工作时间为_____小时。上下班时间按甲方规定执行。

(以完成一定工作量为期限的合同,工作时间由双方商定。)

第五条 劳动报酬

(一)乙方在试用期间,月薪为_____元。试用期满后,按乙方的技术水平、劳动态度和工作效率评定,根据所评定的级别或职务确定月薪。

(以完成一定工作量为期限的合同,亦可按工作量确定报酬,实行计件工资的,按计件付酬。)

(二)乙方享受的岗位津贴和奖金待遇,与同工种固定职工相同。

第六条 生活福利待遇

(一)补贴待遇:乙方享受交通费补贴、粮食补贴、取暖费补贴等与固定职工相同。

(二)假日待遇:乙方享受节日假、婚假、产假、丧假与固定职工相同,工作满一年以上需要探亲的,可享受_____天(包括在路途中的时间)的探亲待遇,工资照发,路费报销。

第七条 劳动保护

(乙方的劳动保护按国家的有关规定执行。)

第八条 乙方患病、伤残、生育等待遇以及养老保险办法

(本条国家有规定的,按规定执行;无规定的,由双方商定。)

第九条 政治待遇和劳动纪律要求

(一)乙方在政治上享有同固定职工一样的权利,如参加民主管理企业的权利,参加党、团组织和工会的权利等。

(二)订立有一定期限的劳动合同的乙方,在担任领导职务以后,如职务是有任期的,在劳动合同期限短于领导任期的情况下,可以将合同期限视为领导职务的任期;如果职务是没有任期的,可以视为改订没有一定期限的劳

动合同。

（三）乙方应当严格遵守甲方单位各项规章制度，遵守劳动纪律，服从分配，坚持出勤，积极劳动，保证完成规定的各项任务。

第十条　教育与培训

甲方应加强对乙方进行思想政治教育、遵纪守法教育、安全生产教育，根据工作和生产的需要进行业务、职业技术培训。

第十一条　劳动合同的变更

（一）发生下列情况之一者，允许变更劳动合同：

1.经甲乙双方协商同意，并不因此而损害国家和社会的利益；

2.订立劳动合同所依据的法律规定已经修改；

3.由于甲方单位严重亏损或关闭、停产、转产确实无法履行劳动合同的规定，或由于上级主管机关决定改变了工作任务、性质；

4.由于不可抗力或由于一方当事人虽无过失但无法防止的外因，致使原合同无法履行；

5.法律规定的其他情况。

（二）在合同没有变更的情况下，甲方不得安排乙方从事合同规定以外的工作，但下列情况除外：

1.发生事故或自然灾害，需要及时抢修或救灾；

2.因工作需要而进行的临时调动（单位内工种之间、机构之间）；

3.发生不超过一个月时间的短期停工；

4.甲方依法重新任命、调动、调换订立没有一定期限劳动合同职工的工作；

5.法律规定的其他情况。

第十二条　劳动合同的解除

解除劳动合同，除因乙方违法犯罪或乙方不履行合同给甲方造成损失，或者严重违反劳动纪律和本单位管理章程的规定被开除的，以及乙方擅自解除劳动合同的以外，甲方应按规定发给辞退补助费和支付路费。

解除劳动合同时，双方应按规定办理解除手续。甲方应按规定将解除合同的情况报告有关机关核准。

第十三条　违约责任

（一）甲方无故辞退乙方，除应发给辞退补助费和路费外，应偿付给乙方违约金_____元。

（二）甲方违反劳动安全和劳动劳保规定，以致发生事故，损害乙方利益的，应补偿乙方的损失。

（三）乙方擅自解除合同，应赔偿甲方为其支付的职业技术培训费，并偿付给甲方违约金_____元。

（四）乙方违反劳动纪律或操作规程，给甲方造成经济损失的，甲方有权按处理固定职工的规定予以处理。

第十四条　本合同期满后，甲乙双方一致同意，可以续订合同。

第十五条　其他事项

本合同于　年　月　日起生效。甲乙双方不得擅自修改或解除合同，合同执行中如有未尽事宜，须经双方协商，作出补充规定。补充规定与本合同具有同等效力。合同执行中如发生纠纷，当事人应协商解决，协商不成时，任何一方可按（　）解决：(1)依法向劳动合同的管理机关请求处理；(2)依法向人民法院起诉。

本合同正本一式二份，甲乙双方各执一份；合同副本一式_____份，报主管机关、劳动合同管理机关(本合同如经公证，则应交公证处)_____等单位各留存一份。

甲　方：_____　　　　乙　方：_____

代表人：_____　　　　代表人：_____

____年____月____日　　　　　　____年____月____日

（六）劳动合同变更的条件和程序

1.劳动合同变更的条件有：

(1)订立劳动合同时所依据的法律、法规已修改或废止；

(2)用人单位转产或调整、改变生产任务；

(3)用人单位严重亏损或发生自然灾害，确实无法履行劳动合同规定的义务；

(4)当事人双方协商同意；

(5)法律允许的其他情况。

2.劳动合同变更的程序有：

(1)及时提出变更合同的要求；

(2)按期作出答复；

(3)双方达成书面协议。

（七）解除劳动合同的条件

《劳动合同法》第四十一条规定：有下列情形之一，需要裁减人员二十人以上或者裁减不足二十人但占企业职工总数百分之十以上的,用人单位提前三十日向工会或者全体职工说明情况,听取工会或者职工的意见后,裁减人员方案经向劳动行政部门报告,可以裁减人员:

(1)依照企业破产法规定进行重整的;

(2)生产经营发生严重困难的;

(3)企业转产、重大技术革新或者经营方式调整,经变更劳动合同后,仍需裁减人员的;

(4)其他因劳动合同订立时所依据的客观经济情况发生重大变化,致使劳动合同无法履行的。

裁减人员时,应当优先留用下列人员:

(1)与本单位订立较长期限的固定期限劳动合同的;

(2)与本单位订立无固定期限劳动合同的;

(3)家庭无其他就业人员,有需要扶养的老人或者未成年人的。

用人单位依照本条第一款规定裁减人员,在六个月内重新招用人员的,应当通知被裁减的人员,并在同等条件下优先招用被裁减的人员。

《劳动合同法》第四十二条规定:劳动者有下列情形之一的,用人单位不得依照本法第四十条、第四十一条的规定解除劳动合同:

(1)从事接触职业病危害作业的劳动者未进行离岗前职业健康检查,或者疑似职业病病人在诊断或者医学观察期间的;

(2)在本单位患职业病或者因工负伤并被确认丧失或者部分丧失劳动能力的;

(3)患病或者非因工负伤,在规定的医疗期内的;

(4)女职工在孕期、产期、哺乳期的;

(5)在本单位连续工作满十五年,且距法定退休年龄不足五年的;

(6)法律、行政法规规定的其他情形。

(八)违反劳动合同的责任

一般可约定两种形式的违约责任,一是由于一方违约给对方造成经济损失,约定赔偿损失的方式;二是约定违约金,采用这种方式应当注意根据职工一方承受能力来约定具体金额,不要出现显失公平的情形。另外,这里讲的违约,或者称违反劳动合同,不是指一般性的违约,而是指违约程度比较严重,达到致使劳动合同无法继续履行的程度,如职工违约离职,单位违法解除劳动者合同,等等。

(九)劳动合同适用法律法规

(1)中华人民共和国劳动法

(2)中华人民共和国劳动合同法

(3)中华人民共和国劳动合同法实施条例

（十）劳动合同的试用期问题

签订劳动合同可以不约定试用期,也可以约定试用期,但试用期最长不得超过 6 个月。劳动合同期限在 6 个月以下的,试用期不得超过 15 日;劳动合同期限在 6 个月以上 1 年以下的,试用期不得超过 30 日;劳动合同期限在 1 年以上 2 年以下的,试用期不得超过 60 日。试用期包括在劳动合同期限中。非全日制劳动合同,不得约定试用期。

同一用人单位与同一劳动者只能约定一次试用期。

劳动者在试用期的工资不得低于本单位相同岗位最低档工资或者劳动合同约定工资的百分之八十,并不得低于用人单位所在地的最低工资标准。

【思考题】

1.中职学校学生实习的目的、意义是什么?

2.当前我国的就业政策有什么特点?

3.劳动合同有哪几种? 劳动合同应具备的条款有哪些?

【交流与讨论】

守住你做人的底线

有一个名气很响的跨国公司,招聘一名总经理助理,年薪至少 100 万元。在众多的应聘者中,张丽气质端庄,业务能干,很快脱颖而出。最后一关是由总经理亲自面试。

总经理对她进行了长达两小时的面试,张丽从经营方略到内部管理、新品开发等多方面阐述了自己极具建设性的想法。总经理认真地听着,不时赞许地点点头。显然,他对张丽的表现很满意。

"好了,"总经理说,"讲了半天,口一定渴了。我也有些口渴,请你去买两瓶可乐来。"说着递给张丽一张百元大钞。

张丽来到街前商店,买了两瓶可乐。回来递给总经理时,把剩下的钱一分不少地交给了总经理。她知道,这可能也是考试内容的一部分。

果然,总经理打开一瓶可乐,说:"这是今天测试你的最后一道题目了。你已经给我留下了很好的印象,如果这道题你能回答得令我满意,你将通过今天的测试。"

"这道题是这样的。假如这两瓶水中有一瓶被人掺了毒药,当然目标是针对我。现在我命令你先尝一尝。"

张丽说:"我明白你是在测试我对公司和你的忠诚度。虽然我知道也许我尝了你就会录用我,虽然我很希望得到总经理助理这个位子,但我不能尝。我认为你这样是对我人格的侮辱。"

总经理怒道:"这次应试者上千人之多,别说让他们喝这没毒的可乐,就是真让他们喝毒可乐,他们也会喝!"

张丽正色道:"我认为你刚才说的话与你的身份地位很不相称。对不起,我觉得今天的测试应该结束了! "说着起身离去。

总经理立即和颜悦色地说:"请原谅,刚才只是测试。我很欣赏你的反应和你的品格。请坐,今天的测试你通过了。祝贺你! 你被录用了。"

张丽说:"招聘是人才与企业之间的双向选择,你的测试我已经通过了,但我对你们的测试你却没有通过,你不是我想象中的总经理。再见! "说完,拂袖而去。

(1)你认为张丽的做法对吗?

(2)在求职过程中应该坚持什么原则?

一家之言

第二篇

实习——中职生就业起步

【引言】先实习,后就业,再择业,再创业——当逐渐适应职业学校的学习生活之后,我们的步伐一步步迈向职业的大门。怎样才能从单纯的学生成长为干练的职场中人?怎样才能将职业梦想一步步实现? 实习是必须经过的历程,是学生顺利地由学校过渡到社会、实现就业的软着陆。在这段宝贵的时光中,我们将经历磨炼,收获成长。当回首职场的成长之路时,我们会由衷地赞叹:实习,真好!

第一单元 中职生的实习观

【引例】

实习,你准备好了吗?

马上就要参加实习了,服装专业的陈雪莲既期盼又矛盾。想着即将踏上实习岗位,有了人生的第一份工作,该是一件多么令人期待的事啊!可陈雪莲又顾虑重重,自己的专业是服装设计与制作,可中职生要想成为服装设计师,是多么困难的一件事。到服装厂去吧,陈雪莲又不太愿意做一名普通女工。该怎样选择实习,什么样的岗位适合自己的发展,陈雪莲陷入了迷茫之中,而和陈雪莲一样迷茫的学生还有很多……

学校的实习指导老师针对这类对实习认识不够清晰,比较茫然的学生开展了一系列实习指导讲座,对学生提出了三个问题:你喜欢做什么? 你能做什么? 你适合做什么? 陈雪莲在认真思考了这三个问题后发现自己并不适合从事服装专业,于是选择了参加学校组织到厦门的集体实习,在一家五星级酒店实习办公室文员工作。由于陈雪莲明确了实习目的,摆正了实习态度,她的实习工作受到了大家的好评,毕业时她如愿留在了这家单位,并在短短的两年内提升为该酒店的部门主管,开始了她职业生涯崭新的篇章。

【点评】很多中职生在面对实习之初都有着眼高手低的问题存在,并且对自身发展方向也比较盲目。如果不能正确面对实习,树立正确的实习观,那么参加实习之后,会发现现实与理想的巨大差距,从而导致心理上、工作上的困扰,对自身的职业发展带来负面的影响。本案例中的主人公及时端正了实习态度,避免了上述问题的发生,给自己创造了一份良好的机遇,是值得广大中职生借鉴的。

【想一想】马上就要参加实习了,我们在校的中职生做好准备了吗? 实习是怎么一回事,可以带给我们什么益处? 我们该怎样面对实习?

一、实习的概念

带着对职业的绚丽梦想,中职生即将走入在职业中学的第二个阶段,那就是实习。实习是把学到的东西或知识拿到实际工作中去应用,以提高工作能力的行为。职业学校的学生实习,从广义来说包括:实践实习、课程实习、顶岗生产实习等几个部分;我们这里要说的实习,一般情况下则是指顶岗生产实习,就是学生在校学完规定的课程,到企事业单位去顶岗作业的行为。在学校看来是实习,在用人单位看来既是实习又是工作。这里所指的生产实习不是单指生产,而是包括生产、经营、服务等各行各业的职业行为。

实习是学校教学的重要补充部分,是区别于普通学校教育的一个显著特征,是教育教学体系中的一个不可缺少的重要组成部分和不可替代的重要环节。它是与今后的职业生活最直接联系的,学生在实习过程中将完成学习到就业的过渡,因此实习是培养技能型人才,实现培养目标的主要途径。它不仅是校内教学的延续,而且是校内教学的总结。可以说,没有实习,就没有完整的教育。

二、实习的重要性及意义

(一)实习的重要性

1.实习是教学的重要环节

实习可以说是与课堂教学完全不同的教学方法,在教学计划中,实习是课堂教学的补充,同时区别于课堂教学。课堂教学中,教师讲授,学生领会,而实习则是在教师指导下由学生自己向生产、向实际学习。通过现场的讲授、参观、座谈、讨论、分析、作业、实践、考核等多种形式,一方面可巩固在书本上学到的理论知识,另一方面,可获得在书本上不易了解和不易学到的生产现场的实际知识,使学生在实践中得到锻炼和提高。

2.实习是将理论与实践相结合的途径

通过实习,使学生学习和了解企业生产的全过程以及生产组织管理等知识,培养学生树立理论联系实际的工作作风,综合检验学生所学知识,增加感性认识,把所学知识条理化、系统化,学到从书本学不到的专业知识,并获得本专业国内外科技发展现状的最新信息,激发学生向实践学习和探索的积极性,为今后的学习和将从事的技术工作打下坚实的基础。

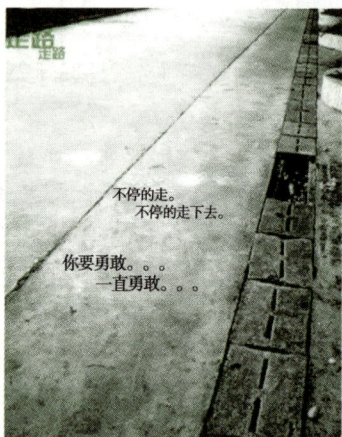

不停的走。
不停的走下去。

你要勇敢。。。
一直勇敢。。。

3.熟悉专业领域

通过实习,较全面、深入地了解学生所在专业领域的工作和意义,熟悉现行行业管理制度和实务操作技能,使学生对行业工作实践有一个较全面的感性认识。通过这一实践性教学环节,学生可以熟悉和了解领域内的企业的现状和生产流程等,巩固和充实所学专业基础理论,加深对书本知识的理解,超前培养学生认真、主动的工作作风和实习态度。

4.有利于培养学生的社会责任感

顶岗实习,提供了一个平台,使学生能更好的与社会群体进行深入的学习和交流。这是一个学生与社会的衔接舞台,是锤炼学生独立性、责任感、优良品质的重要形式。如何应对这一挑战,学会完全融入社会,进而在企业中创造价值、实现自身价值,顶岗实习也可以说是一个良机。

(二)实习的意义

让中职生走出校门,面向社会,开阔视野,提高眼界,深入生产管理一线进行实践,接触与考察生产企业、设计单位、商品市场等,接受生产管理一线、市场竞争的熏陶,对中职生的成长、择业和发展有深远的意义。

(1)使学生参与项目策划、生产管理等实践过程,熟悉并了解企业运作、经营与管理等方面的知识,学习广大从业人员与时俱进和实干敬业的精神,在社会实践过程中及时更新思想观念、拓展专业知识面、提高综合能力和专业水平。

(2)通过开展广泛的社会考察,让学生对市场信息情报进行调研,可以从实习期间获得的社会项目、任务中寻找自己的职业兴趣,确立职业目标。

(3)通过实习实践,让毕业生能够在现实氛围中寻找自身差距,在弥补自身不足的同时强化进入社会前的适应能力,使毕业生信心十足地面对就业,顺利完成向从业人员的角色转变。

(4)通过实习考察,让实习生对国内各行业的现状有一个较全面的了解,对毕业后的去向有一个清醒认识和明确定位,有效避免就业中普遍存在的盲目性,大大提高毕业生的就业机率。

三、树立正确的实习观

该实习了,到什么单位去,做什么工作,一直牵挂着即将踏上实习岗位的同学与家长的心。部分学生与家长甚至认为一旦实习,以后的就业也就定了下来,因此在实习前对实习工作的期望甚高,甚至有些期望使部分同学坐失良机,放弃了原本很好的实习机会,直接影响到学生的顺利就业。从近两年来学生与家长在实习就业选择时表现出的期望现象来看,主要表现在以下方面:

(1)一岗定终身的期望。不正视当今劳动用工制度改革的发展趋势,想一次安置,一劳永逸。实际上这是受了计划经济用工制度后遗症的影响。

(2)依赖学校找工作的期望。不能主动出击,更缺少创业意识,把实习就业的期望完全寄托于学校安置上。这实际也还是计划经济时期国家"包分配"的影响所致。

(3)在国有大企业就业的期望。实际上,有很多外资企业、民营企业,无论在规模、效益还是在劳动保障方面,一点不逊

于国有大企业。一味期望在国有大企业就业，往往会失去很多好的就业机会。

（4）高薪期望。高薪是每个求职者的理想，但如果一开始就一味追求高薪，非高薪岗位不就，忽视了企业的发展、个人的发展，则会与许多机会失之交臂，不利于个人发展。

（5）专业一定要对口的期望。专业对口实习是一种最佳的实习方案，也是学校在实习安置工作中始终追求的目标。但有时候遇到了一个不错的企业，对专业要求不高，而你也正好到了实习上岗的时候，这种情况下考虑应聘这个岗位，先实习，后就业，再择业，以图以后发展，也不失为明智之举。

（6）图一份清闲工作。这是一个最糟糕的实习期望。年轻人应该要有积极向上、勇于吃苦的精神，这对今后事业的发展很重要。没有吃苦耐劳的思想准备，只图轻松、悠闲，只会害了自己。古人说"生于忧患，死于安乐"，此言甚是。即便一时运气好，达成了自己的意愿，但由于怕吃苦的思想作祟，在单位也不会受到领导的器重，很难得到发展的机会。

由于以上的一些不切实际的期望导致中职生在面临实习之际，往往会产生求职上的偏差，失去一些机会。那么，我们应该怎么做，才能树立正确的实习观呢？

（一）摆正实习的态度

工作就是"做事"，那么学生应如何做事才能在工作岗位上游刃有余？学生已经具备了职业能力和专业技能，怎样更好的发挥是工作的主题。实习中，由于持有不同的心态，大家的收获也不相同。实习的目的是学习，实习单位看待实习生，重要的不是他（她）会做什么，而是通过他们的实习态度了解一个人的品质。

（二）服从安排

学生要摆正心态，例如要正确对待企业对自己实习岗位的安排，服从企业和实习指导老师的管理和指导。这些安排和管理有时不能完全符合个人的意愿，实习学生必须自己克服困难，不能对企业提出额外的要求，要礼貌地对待实习部门的员工和管理人员，尊重他们的劳动、服从他们的安排。

实习时，不建议实习生只是做扫地、打开水之类的琐事，但也要做到不挑剔工作，从小事情做起；对待工作要踏实、认真，要有责任心和工作主动性；要会学习、肯学习，不断补充自己欠缺的知识。

（三）积极肯干

在实习中，既要当个清醒的学习者，更要当好企业的主人。企业营运的目的是获得良好的经济效益和社会效益。学生的实习就是"上班"，面对的是实际的工作岗位，企业需要的是高效率的优秀员工。因此实习学生必须要把自己当成企业的一员深入进去，主动热情地工作，保证质量的完成上级交付的任务，这样才能为自己创造一个良好的工作环境，学到更多的知识。

有许多实习生心态很好,对工作充满了激情和好奇,他们不会迟到早退,他们争抢着去干又脏又苦的活,他们拿最少的工资,却要付出更多的精力,他们的态度永远是谦恭的。但那种心态容易退化,一年后,待新员工进来,他们的心态就被新员工替代。他们就会成为办公室极其普通的一员。

(四)虚心求教

良好的实习态度并不是一句空话,而是表现在对待许多具体事物的态度上。中职学校的学生,在学校学了一定的专业知识,似乎什么都懂。其实,学生学的大都是理论上的,或者一些基本技能。而企业的员工和管理者不仅有一定的理论修养,更有丰富的实践经验,如果不诚心诚意向他们学习,收获是不会大的。

(五)要有工作意识

作为一个实习生,必须先明确自己到公司是来工作、来实践的,先明确目标责任,知道自己要做什么、该做什么以及怎么做。有些实习生,平时并没有被安排什么工作,学生本人也不会主动去询问、去帮助别人,也没有想过看一看公司的资料,只是每天自己带来一本课本读书。当问他为什么要来实习的时候,他说是学校要求,如果没有实习证明就拿不到相应的学分。这类学生根本没有实习工作的意识,企业肯定是不需要的。

超级链接:
企业部门经理对实习生的建议

1.不要找借口

现在有不少实习生,能力相当不错,平时态度也认真,但有一点让人非常不喜欢,那就是犯错的时候首先就想找借口推卸责任,而不是检讨自己的过失。我们部门曾经有一位实习生能力很强,已经可以和正式员工做相同的工作,而我也准备留用她了。可有一次,我让她寄一份快递,她写错了地址,导致邮件被退回,客户没有及时收到。本来这件事,你道歉认个错,也没有什么,谁都会偶尔出错的。可她却找了诸多借口,一会说事情太多,一会又说是快递的错,这让我对她的印象一下子变差了,最终实习结束后我也没有继续留用她。

2.要有责任感

我们公司是做广告的,一旦有项目就会变得非常繁忙,加班是家常便饭的事情。虽然尽量不会让实习生加班,但有的时候不得已需要他们延长工作时间,我们也会提前通知。大部分的实习生态度还是比较好的,对加班没

有什么怨言。但也有人，经历这么一两次之后，觉得太辛苦，只说一句"事情太多撑不住"，把担子一扔就走人了，这种不负责任的行为让我们非常反感。

3.先奉献再考虑报酬

经常遇到这样的情况，有些学生想来我们公司，劈头第一句话就问：实习有工资吗？这样的学生通常我并不会接受他们。我们公司是没有实习工资的，但一个没有经验的学生，什么事情都还没有开始做，就想着报酬的问题，我觉得这并不是一个正确的态度。在索取之前先奉献，真正做了事之后自然有人会把你的努力看在眼里，你也能得到应该得到的。

【思考题】

1.面对"你喜欢做什么？你能做什么？你适合做什么？"这三个问题时，你的答案是什么？

2.你实习的目的是什么？

3.你所在学校的实习情况怎么样？你适合哪种实习方式？

【交流与讨论】

实习完全可以成为企业招聘正式员工的一种方式。

调查显示，几乎所有的企业都希望通过实习来考查学生，从中筛选到自己满意的员工。一些企业还特地制定了实习档案，记录实习生在实习期间的工作表现、能力特质等，作为以后招聘时优先考虑的依据。有些企业在实习生结束实习时还特地设宴欢送他们，将表现优秀的实习生列入后备人才库，在招聘时优先录用。所有被调查的企业、单位都表示，凡在实习期间，对动手能力、处事态度等方面的考查表现优秀的学生在其自愿的前提下，毕业后可成为正式员工。

(1)企业都渴望从实习生中发现、培养优秀人才，这些优秀人才有些什么样的共性？

(2)要想成为企业眼中的人才，在实习时应该明确的目的有哪些？

第二单元 中职生实习现状及对策

【引例】

在实习中成长

公关专业的张凤在参加实习后开始困惑,理想中的市政府实习不应该只是做这些简单的服务工作啊。事情是这样的:市政府到某职业学校招聘政府后勤部门的实习员工,张凤听说能到市政府实习,感觉非常光荣,各方面都非常优秀的她,凭借在学校的优异表现顺利的来到她梦想中的实习单位开始了实习生活。可新鲜感逐渐褪去后,张凤却觉得实习有些苦涩:政府机关的纪律非常严格,远不如学生时代的自由自在;实习工作也很枯燥乏味,缺乏高科技含量;自己学的是公共关系,干的却是服务工作,专业似乎也不对口……一系列的问题都困扰着张凤,何去何从,成了张凤的一大心结。

好在张凤想到学校老师讲到实习是为了锻炼吃苦耐劳能力、为人处事能力、心理承受能力,从而提高自己的综合素质,很快调整了自己的心态,积极面对实习的每一天,并且抽空去报了成人大专,利用工作之余加紧时间学习。张凤的积极工作受到了领导的注意,当她实习结束时,领导将她推荐到了市政府金融办公室担任文员工作,这可是很多大学毕业生梦寐以求的工作岗位,而张凤硬是凭着实习期间的优秀表现占领了这本不进中职生的岗位。

【点评】当实习的新鲜感逐渐消失的时候,很多中职生会感到困扰,觉得实习并不是想象中那样能提高自身各方面能力。甚至有些实习生就此沉沦,做一天和尚撞一天钟,实习结束时什么收获也没有。张凤同学在这个考验中站住了脚,有效的化解了一场心理危机,为自己的职业生涯铺平了道路,并最终获得了比预期还好的成果。

【想一想】实习对职业能力的提高不是一蹴而就的,在较长的实习生活中,该怎样应对各种层出不穷的问题?如何化解自己的心理危机,正确处理在实习中遇见的各种情况,是我们实习生必须面对的一课。

一、初入职场的心理困惑

中职生走出校园,踏入实习岗位,面临着学习、工作、生活环境的转换,开始承担一个正式社会角色,一些更具体的社会期待扑面而来。这些变化和期待陡然间出现在中职生的面前,给学生带来许多困惑和苦恼。

(一)对学生角色的依恋心理

学生身份伴随我们一直至今,大家对学生角色的体验已是非常熟悉,学生生活使每个人都养成了一种习惯的学习方式和生活方式。刚走上工作岗位,中职生常常会表现出对学生角色依恋,自觉不自觉地将自己置于学生角色之中,以学生角色来要求自己和对待工作,以学生的思维方式来观察和分析事物,从而带来适应上的困难。

(二)观望等待的依赖心理

初入职场的生活是处于依赖与摆脱依赖的过渡期,实习是过渡期的一个主要部分。学生在初期承担的职业角色中,还没有养成自觉性和独立性,因而,中职生在实习岗位上往往存在着一种观望等待的依赖心理。在依赖心理的作用下,很多同学不去深入地了解自己的工作性质、范围、程序以及相互关系,工作上全靠领导安排,安排多少干多少,致使工作缺乏主动性和创新性。

(三)消极退缩的自卑心理

面对新的工作环境和生疏的人际关系,学生往往缺乏自信。一些中职生在工作中放不开手脚,看到别人工作经验丰富,驾轻就熟,相比之下觉得自己这也不行,那也不行,胆小、畏缩,不知工作应从何入手,担心自己做错了事,这样不但不能很好地开展工作,而且会造成不好的印象。

它山之石:

一位初入职场的中职生如此描述自己的心态:"刚进单位的时候,自己满腔热情,也很想显示显示自己的才能。但是面对许多具体的工作,缺乏经验和办法,想问别人又怕碰钉子,想自己干,又怕万一出了差错,闹个笑话,更丢人。思想上十分矛盾,工作上缩手缩脚。"

中职生初入社会,很容易在内心产生不被重视的"自卑感"。在校园内,每个学生都是平等的,但到了实习单位,作为在最基层工作的新手,各方面都很难有表现自己的机会。因此,很容易产生沮丧情绪,产生"不求有功,但求无过"的消极心理,进而产生自我否定心理。

(四)眼高手低的自傲心理

部分中职生自以为接受了专业教育,又有着较娴熟的专业技能,拥有行业的资格证书,已经是人才了,因此看不起基层工作,还认为自己是大材小用。在这种心理作用下,部分中职生在现实中表现为眼高手低,大事做不了,小事又不做。

(五)见异思迁的浮躁心理

中职生在角色转换中还容易表现出不踏实的作风、不稳定的情绪,不愿加班,不愿干重体力活,不能吃苦,甚至认为实习岗位并不是自己的兴趣所在而产生抵触心理。如果不能尽心工作,热爱岗位,抱着三心二意的工作态度,是无法有效利用实习的机会提高能力的,更不用说规划好自己的职业生涯了。

二、调整心态、应对挫折

挫折是个体在满足需要的活动中,遇到阻碍和干扰,使个体动机不能实现、个人需要不能满足的一种心理感受。

现代生活中,每个人都可能遭遇挫折,虽说一个人经受一些挫折有一定的好处,可以锻炼人的意志,培养在逆境中经受挫折失败后再接再厉的精神。但不断地让人经受挫折,经常陷于挫折之中也是不可取的,毕竟挫折常常使许多人痛苦、自卑、怨恨,失去希望和信心。职场受挫后,如果不善于自我调适,而使心理失衡,不仅影响人的工作、生活,还严重影响人的健康。太大的压力会使人的人格发生根本性变化,从而变得冷漠、孤独、自卑,甚至执拗。实习中也可能因为这样或者那样的原因受挫。

这里介绍几种心理对策来防止消极结果的产生:

(一)沉着冷静,积极应对

学生应意识到挫折不仅是实习中常出现的情况,而且还会是职业生涯的伴侣,逃避是不现实的,因此,要坦然面对,积极应对。

(二)增强自信,提高勇气

萧伯纳说:"有自信心的人,可以化渺小为伟大,化平庸为神奇。"在实习中出现挫折时,我们最重要的是相信自己。只有相信自己的人才有无穷的力量,才能得到别人的信任,才能在挫折面前奋勇前行。

(三)总结经验,改变方法

及时总结经验,想出更好的改进办法。知道下一次怎么样可以做得更好一点,然后把这个教训牢牢的记在心中,并且永远不要在同一个地方摔倒两次。教训正是挫折所能给人最大的教益,或者说,经验也正是由之积累而来。

(四)再接再厉,锲而不舍

当学生遇到挫折时,更要勇往直前。保持你的既定目标不变,努力的速度加倍,要愈战愈勇。

(五)移花接木,灵活机动

倘若原来太高的目标一时无法实现,可用比较容易达到的目标来替代,既能在新目标的实现中体验成功的喜悦与快感,也能迅速地恢复自信心。

(六)情绪转移,寻求升华

学生可以通过自己喜爱的集邮、写作、书法、美术、音乐、舞蹈、体育锻炼等方式,使情绪得以调适,情感得以升华。

(七)学会宣泄,摆脱压力

面对挫折,不同的人,有不同的态度。有人惆怅,有人犹豫,此时不妨找一两个亲近的,理解你的人,把心里的话全部倾吐出来。从心理健康的角度而言,宣泄可以消除因挫折而带来的精神压力,可以减轻精神疲劳;同时,宣泄也是一种自我心理救护措施,它能使不良情绪得到淡化或减轻。

(八)学会幽默,自我解嘲

"幽默"和"自嘲"是宣泄积郁、平衡心态、制造快乐的良方。当你遭受挫折时,可以试着采用阿Q的精神胜利法,比如"吃亏是福""破财免灾""有失有得"等来调节一下你失衡的心理。或者"难得糊涂",冷静看待挫折,用幽默的方法调整心态。

(九)必要时求助于心理咨询

当你遭遇到挫折不知所措时,不妨求助于心理咨询机构。学校现在都有专门的心理咨询部门,专业的心理医生通过对学生动之以情、晓之以理,导之以行,循循善诱,使学生从"山重水复疑无路"的困境中,步入"柳暗花明又一村"的境界。

面对挫折,不要怕,因为胆小的人一事无成;也不要后悔,因为成长必然要付出代价。"不经历风雨,怎能见彩虹",只要同学们以积极的心态,勇于面对,把挫折当成起点,奋力拼搏,积极地采取措施,就一定会取得属于自己的成功。

三、步入实习期后容易出现的问题

学生在步入实习单位后,身份从学生变为了员工,无论是生活方式、周围环境、思维方式等都将发生很大的变化,面临着人生的重大转折。如不能及时进行角色的转变,把握不住这个人生关键时机,就会遇到许多意想不到的问题及困惑,甚至会影响今后的成长与发展。因此,中职学生在实习期应该处理好以下几个问题:

(一)认真负责的问题

如果你希望得到信任,那么就应该先做一个负责的人。一个成熟的职业人要有强烈的责任感做支撑,对自己的决策和行为负责。"干一行、爱一行、专一行"。既然选择了这个职业,就要具备强烈的责任心。一份工作刚做几天就觉得"没兴趣"或是嫌待遇不好,然后跳槽,这是很不负责任的行为。

(二)自由散漫的问题

某同学毕业时到一家私企实习,尽管表现不错,但经常因为一些他自认为是"小节"的问题,被主管批评。主管对他的评价是"大毛病没有,小毛病不断"——每天上班总是险些迟到;开会最后一个来,第一个走;有时候抱着办公室里的电话聊个没完;办公室里他的桌子最乱最脏;不管是给客户还是给主管打电话,第一声总是"喂"……尽管他觉得自己是一个男生,大大咧咧点是很正常的事情,但主管却对这些"小节"很较真,不仅因为开会迟到扣过他的当月的奖金,有一次竟然还叫清洁工把他的桌子杂物统统当作垃圾扔掉。这位同学现在很郁闷,工作也提不起精神。

(三)依赖别人过头的问题

某同学前不久通过一家知名广告公司的面试。来到公司很惊喜地发现,一位关系不错的师姐也在这儿。由于比自己早两年进公司,她在心里早把师姐当作"亲人"了。她和师姐一个部门,做的是广告的网络传播。考虑到她们出自于"同门",主管也把她们分在一个组,希望她在工作上能够帮上手。师姐也非常愿意带她,因为了解她,觉得带一个熟人比较省心。

后来,这位同学的工作状态渐渐让师姐有些吃不消了,她只能按照师姐给布置的任务做一些平面设计工作,让师姐更头痛的是,她已经完全没有自己的意见。原来,刚上手时一两次的失败,使本来就有很强依赖感的她觉得师姐决定的就一定是好的,而自己的选择肯定会被主管打回来重做,她索性一切都依赖师姐来做了。

(四)尊重别人的问题

在公司要尊重他人的生活方式和个人隐私。在人际交往中,一些敏感话题是不能涉及的,如个人隐私、同事之间的关系、薪资收入等。

(五)培养积极心态的问题

学会称赞他人。每个人都希望得到他人的欣赏。大多数人会因为某方面受到称赞而更加努力。

学会微笑。微笑是一种令人愉悦的表情,可帮助你建立良好的人际关系。

(六)遵守规章制度的问题

任何企业都有它的一套切实可行的管理制度。不管你喜不喜欢,作为新人,遵守制度是起码的职业道德。进入企业后,应该首先学习员工守则,熟悉企业文化,以便在制度规定的范围内行使自己的职责,发挥所能。切不可明知山有虎,偏向虎山行。

(七)生活小节的问题

有些同学在学校期间就养成了抽烟喝酒、不拘小节、不修边幅的不良习惯。老师、家长苦口婆心地规劝,但自己始终我行我素。进入企业后自认为独立了,摆脱了老师和家长的束缚,更加放纵起来。抽烟不分场合,不仅自己抽,还硬充大气给人抽,烟雾弥漫,烟头遍地,自认为成熟有礼貌;喝酒不分时间,吆五喝六,三天两头醉酒,上班迷迷糊糊,自认为潇洒够哥们儿;实习期间大手大脚,不多的实习的工资不到月底就花光,厚着脸皮向同事、师傅借钱吃饭;借钱不多,时间一长就忘到脑后,自认为小事一桩;工装不洗,衣装不整,头发不理,自认为不碍大事,这些情况在实习同学中时有发生。岂不知这些情况别人看在眼里已对你的印象有了定式。实习结束,要签合同,在去留问题上这些自然成了话柄,成了障碍。

四、如何处理实习期间出现的问题

(一)转变观念,树立"先就业,再择业"的思想

一般来讲,中职学生的顶岗实习就是用人单位的试用期。如何才能使刚刚进入社会的学生站稳脚跟,适应职场呢?首先同学们应该对自己进行正确的思想定位,不要抱太多的希望一下子就能找到满意的工作;其次要认识到,自己一旦面对工作,不管是你喜欢不喜欢的工作,不管什么情况下,认真踏实是最重要的。一个人要有职业道德,对你不满意的工作你可以放弃,重新选择,但你不能怠慢,消极抵抗;最后,要意识到,我们刚步入社会,才开始工作,积累经验、培养能力、继续学习是最重要的,不要把金钱和享受看得太重了。在工作中要注意从基层做起,从最不起眼的小事做起,因为只要踏踏实实,一步一个脚印地做好本职工作,才能不断完善自己,走向成熟。

(二)爱岗敬业,要有良好的职业道德素养

在学生的实习和就业安置中,我们发现所有用人单位在招聘时,特别注重员工的责任意识、诚信意识、敬业精神、团队合作能力,而以上几方面正是一个人的工作态度和思想道德素质的反映。现在有些学生眼高手低,自以为是,责任意识淡漠;缺乏诚信,不善于合作,大局意识淡漠;轻薄盲动,容易情绪化,爱妒忌、爱吹牛、爱闹矛盾,这是导致学业滞后的很多问题。要想立足社会,干出一番事业,必须要懂得先做人后做事的道理,积极塑造健康自信、乐观敬业的人格品质,只有这样才能面对鲜花和掌声不迷失,面对挫折和失败不沉沦。

(三)要具有健康的交际能力和职业性格

健康的交际能力和职业性格是相辅相成的,它们都是在社会实践中逐步形成的,对一个人未来的发展起着决定性的作用,是学生找到理想职业的基础。在今天这个强调团队精神的社会里,人人要学会合作,要学会融入群体。

近年来我们对实习效果好、工作能力强的学生与就业不成功、难以就业或难以适应工作岗位的学生进行比较发现,他们最明显的差距不在智力的高低、技能的差

异,而在于一个人的交际能力、职业性格和意志品质的不同。在实际工作中,我们发现性格开朗、热情大方的学生进入实习岗位后,工作目的明确,工作态度端正,能很快地去适应工作,能与同事默契合作,能够积极主动地、创造性地开展工作。在处理人际关系时,自信、诚实、富有同情心。他们的心理是平静愉快的,任何时候精神都是饱满的,工作富有责任心,能够灵活地调节和控制自己的情绪,无论是成功还是失败,他们都能激励自己前进。而对于那些或性格孤僻、墨守成规,或自由散漫、放荡不羁的学生来说,用人单位不但不欢迎,而且这样的性格还会影响自己一生的发展。

(四)要有较强的自律能力和过硬的业务素质

部分学生在学习期间,本身专业理论和职业技能掌握得就不够全面,再加上不虚心、不好学、不注重从小事做起,其在自律能力和为人处事方面的问题更多。如:工作不主动、挑肥拣瘦,动辄换岗或"跳槽",甚至还有的私自出逃;也有的学生不能和同事和谐相处,及时沟通,在工作中不但不配合,反而产生矛盾。这些都是企业最不愿意看到的现象。虽然都是小事,却易导致个人的综合素质大打折扣,而且会对周围的人产生不良的影响。这些不良的习惯,习以为常就积习难改了,这对于一个刚步入社会的学生来说是相当危险的。面对别人的批评和指责,应该正确的加以理解和对待,能勇敢地承认"我错了"意义非常重大,因此,较强的自律能力和过硬的业务素质在人一生的发展中起着举足轻重的作用。

(五)要有成熟的气质和积极向上的精神

一个人要成就一番事业,得到别人的认可,气质也将会起到关键的作用。作为一个刚步入社会的学生来说,具备最基本的内外气质是必需的。如:衣着打扮要得体,仪表要端庄、整洁、精干,要与身份相符,工作期间要穿工作服等;其次,站立、行走、姿态等处处都要融入企业文化之中,绝对不能凭自己的爱好我行我素;再次,要加强内在气质的修炼,做一个热爱生活、努力工作、积极向上的人。

(六)热爱学习,要有自强不息的意志

在当今这个知识经济的时代,学习是一个终身的话题。面对日益竞争激烈的职场,作为一名刚步入社会的中职生来说,只有不断地学习新知识、新技能,不断完善自己,才能满足不断变化的职场需求,才能为自己找到理想的职业,为创造自身价值的最大化提供保障。在成功的道路上,没有任何东西比自强不息的意志更重要,那些在用人单位得到重用或在某一行业成功登上巅峰的人,无不是自强不息的代表。因此作为中职生在实习期一定要树立终身学习的理念。只有学习才能发展,只有自强才能进步。要想不断地发展、进步就应该牢记"自强不息"。

(七)谦逊礼让,虚心好学

俗话说:礼多人不怪。敬重师傅,尊敬领导,关心他人,努力钻研,虚心好学,师傅才会把诀窍教给你,领导才会赏识你,同事们才会喜欢你,你才有可能受重用,得到升迁。

【思考题】

　　1.你认为实习可以提升自身哪些方面的能力？

　　2.实习对自身能力的提升通过什么方式来实现？

　　3.当自己遇到心理障碍时,应该怎么做？

【交流与讨论】

　　扫地、打开水、整理文件……30岁的冯立每天都会提前来到办公室,为新的一天的工作作准备。他说,经过不懈努力得来的机会,才真正懂得珍惜。

　　"机遇总是垂青有准备的人。"采访冯立是在午休时间,坐在明亮的办公室里,冯立开口就道出这样一句话。

　　对30岁的冯立来讲,回忆有一种难以言说的滋味——在十年中,他完成了从中专生到本科生、从电焊工到政府公务员的转变,其中的苦辣酸甜只有他自己才清楚。

　　1994年,中专毕业的冯立进入一家企业做电焊工,偌大的车间一年四季都是四五十摄氏度的气温,到了夏天更是蚊蝇横飞。当时还没有"跳槽"这个词儿,他也从来没想过换工作。可是,在日复一日的工作中,冯立还是感觉到了精神的空虚,于是他报考了电大,学习管理专业,其初衷仅仅是"不想让自己的脑袋生锈。"

　　工具包里装书本,出了工厂进学堂,冯立的选择几乎成了当时厂里一景,被很多同事看作"另类"。"几乎没人能理解我,但我还是坚持自己的选择。"整整三年,冯立没有休过一个星期天,没有参加过一次朋友聚会,没有逛过一次公园,没有看过一场电影……所有的业余时间都被他用来学习。

　　三年后,冯立如愿拿到了专科毕业证。"我没有办法改变生活,但有办法改变自己,我想让自己多掌握一些知识,以备不时之需。"

　　随后,冯立又报名参加了本科自学考试。在这期间,企业效益每况愈下,以致工厂停产,职工下岗。在同事们忙着四处求职的时候,冯立却异常平静。他潜心攻读,最终拿到本科毕业证,随即又通过了学位英语考试,取得学士学位。因为没有读过高中,冯立的英语基础很差,为了通过这次考试,他每天都黎明即起,用最原始的死记硬背方法强化英语水平,厚厚一本《大学英语》被他翻得起了毛边。

　　周围很多人都说冯立不务正业,快三十的人还不找工作、不谈恋爱,整天抱着书本啃个没完。对此,憨厚的他总是一笑置之:"不是有这么一句话嘛,知识改变命运,我多学点东西总是没错吧？"

机遇总是垂青有准备的人。2002年本市面向社会招考公务员,冯立回忆道:"我感觉这次考试好像是专门为我准备的,因为我刚刚拿到毕业证和学位证。"在这次考试中,冯立报考了某区政府,并最终以笔试全区第一、面试全区第二、综合成绩全区第一的优异成绩被区政府录用,成为一名国家公务员。

冯立说:"在工厂那七年,我从没想过自己还能有今天,只是想多掌握一些知识,我的生活轨迹最终被知识改变。"

(1)冯立说自己的生活轨迹是被知识改变的,你赞同这个观念吗?

(2)"机遇总是垂青有准备的人",你做好了哪些方面的准备?

第三单元　实习准备

【引例】

机会就在你的准备中

会计专业的张炼非常苦恼，即将到来的实习面试该怎么办？作为会计专业的一名普通女孩，张炼知道自己想要成功当上会计是不太可能的事。那么多大学生都不容易找到理想的会计工作，更何况一名十八岁的普通女孩子，有哪家单位会要自己做会计？张炼选择了参加学校组织的集体实习。可面对实习面试，张炼又犯了难，胖胖的身材，矮小的个头，又不善语言表达，怎么才能把自己推销出去呢？自卑的张炼在面试中饱受了挫折，最后在学校的帮助下，张炼终于应聘上一家三星级酒店的服务员岗位，实习单位总算有了着落。

到达实习单位后，自卑的张炼再次受到了打击，内向的她实在不适合做服务工作，最终在实习带队老师的争取下，单位让张炼去仓库做了一名库管员。可命运就在这一刻扭转，内向的她做事一向条理分明，有条不紊。杂乱的库房在张炼的清点下很快有序起来，每次盘点仓库也不再是老大难。总经理很快注意到库房的变化，从而知道有这么一位会"持家"的实习生。当会计部门缺少一名会计人员的时候，总经理第一时间想起了张炼，将她调进了财务部。张炼凭着自己的踏实、细心，很快将会计工作干得有声有色。毕业后，张炼留在了实习单位，成为了一名正式的会计员，并逐渐考取了会计师资格。三年后，张炼跳槽到了一家大型企业，并担任财务部门主管，还将她昔日的同学招到麾下担任财务工作，成了一名小小的白领。

【点评】很多同学在学校学习时，都忽略了对实习的准备，包括知识准备、能力准备、面试准备。张炼便是因为缺乏锻炼造成了面试的失败。但面试的失败并不意味着事业的失败，面试仅仅是进入职场的敲门砖而已。张炼通过自身的经历充分说明了在职场中自身素质的重要性，也充分说明了尺有所短、寸有所长，每个人都有自己的长处和短处，就看自己是否能抓住机遇展现出自己的优点了。

【想一想】面对实习，很多同学都非常紧张，不知道自己应该怎么办：自己究竟适不适合这个单位？要面试了，我要准备些什么？面试时，要怎样才能展现出自己的最佳状态？

一、中职生的自我认知

正确的自我评价是学生走上岗位,实现职业理想的基本条件,中职生应在进行自我观察、自我认定、自我判断和自我评价时,能做到自知、恰如其分地认识自己,摆正自己的位置,能够喜欢自己,接受自己,自尊、自强、自制、自爱,正视现实,积极进取。

(一)自我认知

1.自我认知的定义

自我认知也叫自我意识,或叫自我,是个体对自己存在的觉察,包括对自己的行为和心理状态的认知。自私、自信、自负等都是有意识的心理现象。自我批评是更高级的一种自我认识,能自觉提高自己的意识。自我发展是在自我批评的前提下,形成否定之否定的不断上升的思维逻辑,由人的本能的意识发展到人类特有的行为方式。

自我认识是个人在思想之上的对于环境的反应。当一个人的记忆和思想达到一定程度之后,个体的自我意识会更加强烈。

2.中职生自我认知的缺陷

中职生自我认知与自我觉察是进行清晰的自我定位的基础,也是个人职业与事业生涯的起点。实习是每个人接触社会的第一站,也是将所学理论与实践相结合的必经之路。现在的中职生,大多数是独生子女,刚从学校里出来,自我意识较强,不能对自我个性、心理、性格进行充分的分析和把握。因此,有的学生可能会形成倔强、孤僻的性格和为人处事等能力的欠缺。

(1)眼高手低。学生对自身发展方向较为盲目,在校期间学习成绩平平,似乎没有掌握特别的技能,感觉什么都会,又感觉什么都不会,不知道自己应该做什么,又不甘心做太简单的事。现在的大部分企业表示,学生能力有差距不是问题,重要的是能摆正自己的位置,肯扎扎实实地从基层做起,打好每一步的基础。

例如有些学生被安排到企业实习,然而没几天就不干了,理由是工作太累、环境不好,技术含量低,薪水太低、离家远等。总想找一个既轻松、薪水又高的工作单位。这样的学生根本没有摆正自己的位置,不能够正确认识自己。中职生往往对自己没有一个准确的定位,由于同学们涉世不深,接触社会较少,理想往往脱离客观条件。

当今社会是一个竞争激烈的社会,没有踏实肯干的态度,在社会上是立不住脚的。所以我们在实习阶段,就要先认清自己,摆正自己的位置,绝不能眼高手低,做一件事就一定把它做好,无论在怎样的环境下工作都是对自己的一种锻炼和社会经验的积累。

(2)缺乏脚踏实地的敬业精神。很多同学对自我的期望值很高,但缺乏吃苦耐劳的精神和艰苦创业的心理准备,希望毕业就进好单位,看不到实习的重要性,也不能从基层踏实干起,不能把握实习对自身的锻炼机会。事实证明:凡态度端正、敬业、诚实、虚心好学、工作认真负责的实习生都受到了各企业、各单位的好评,也为他们迈向成功之路奠定了坚实的基础。

(3)对综合素质重要性的认识不足。现在的企业最看重的往往不是工作经验,更多的是偏向于学生的综合素质。如人际交往能力、沟通协调能力、反应能力、学习能力和接受能力等;其次就是为人处事的态度和为人的品行。有些学生在校期间就养成了做事认真负责的习惯,具有很强的为人处事能力,写得一手好字,普通话也比较标准;在学校能担任学生会干部,善于抓住每一次机会锻炼自己,这样的学生最终都能从激烈的就业竞争中脱颖而出,被用人单位录用,并有很好的发展前景。

(4)缺乏一定的心理承受能力。有些学生因自身综合能力的不足,或因机遇、时机的把握不准,在实习中会遭遇各种问题或挫折。但他们往往不从自己身上找原因,怨天尤人,从而产生不平衡心理,这种不平衡心理往往导致少数学生对社会以及对人产生偏颇看法;有些学生因自己专业技能不如其他同学,从而产生强烈的自卑感或妒忌心,使自己无形中背负很沉重的压力,常常会表现出焦虑和急躁,缺乏自我控制,烦躁不安,无所适从。

因此,要在社会立足不但要有真才实学,而且还要在平时努力学习,提高自己的综合素质,这样才能在激烈的就业竞争中立于不败之地,还要有面对各种困难的思想准备,只有不怕困难,坚持到底才是最后的胜利者。同学们应该珍惜实习岗位的工作,尽职尽责,和同事们相处愉快,舒心工作。

(二)主动进取、积极竞争

1.确立目标、增强信心

确立实习、就业目标是维持良好的实习、就业心理的第一步,也是关键一步。首先,要正确认识自我,认真客观地分析自己的优点和长处、缺点和短处,兴趣特长、性格气质、能力水平等,明确自己想干什么,能干什么,社会又允许你做什么,竞争力如何。其次,还要分析社会需求状况。有的中职生求职时不考虑社会、求职单位因素,造成求职屡屡失败。例如,自己的专业和理想职业在社会上的需求量如何,竞争强度如何,自己的理想职业与自己所学的专业是否相符,如果不符合该如何弥补等。综合考虑以上因素,确立实习就业目标就比较符合实际,可以避免过高的心理预期。

自信是对自己的一种积极评价。中职生要相信自己具备某项职业所要求的条件,鼓起勇气参与竞争。自信是以充分的就业准备为基础的,树立自信的最根本途径要靠提高自己的能力水平。

2.正视困难、敢于竞争

成功永远都不会是一帆风顺的,困难的存在是客观现实,只有勇敢面对困难、努力克服困难的人才能够获得成功。心理健康的人勇于迎接挫折和挑战,百折不挠。心理不健康的人遇难而退,甚至精神崩溃、行为失常。在实习、就业的过程中,难免会出现各种各样的困难和失败的经历,要认真分析失败的原因。认真分析后才能心中有数,更好地调节心理,做到积极对待而不是消极退缩。

中职生还要积极适应就业制度的改革,要有竞争意识。敢于竞争就要从实际出发,充分考虑到自己的专业、性格气质、爱好等,扬长避短,发挥特长。要靠真才实学,而不能靠纸上谈兵、夸夸其谈。竞争应是在互相学习、互相勉励、共同进步中进行,而不能互相拆台或互相嫉妒。求职择业的竞争,失败在所难免,有了充分的思想准备,尤其是做好了遭受挫折的思想准备,才会成为竞争中的强者。

(三)增强应变能力

应变能力,是指中职生要根据实际情况,及时调整实习就业期望值和自己的知识能力、结构能力,以便与市场的需求保持最大的适应性。随着社会的快速发展,职业种类及要求的变化越来越快。有的人在刚进学校时所学专业还是紧俏的,但毕业时却已经饱和了,以致实习、就业困难。因此,在市场竞争激烈的今天,中职生由于缺乏就业经验,备受就业问题的困扰,需要不断提高自己的应变能力。

(四)恰当定位、着眼发展

在求职择业的过程中,要正确处理理想职业与职业理想的关系,恰当定位着眼发展。有人说,现在找工作能赚钱就行,尤其是在就业形势非常严峻的情况下,没有必要再谈职业理想了。这种想法是不对的。在任何情况下,一个人都应该有一个长远而又切实的职业理想。在实际生活中,现实往往与职业理想发生矛盾,很多人不能按照自己的理想标准选到合适的职业。于是,有的人索性不就业,有的人随便谋个职业混日子,也有的人对自己与职业理想不相符的工作怨天尤人,无所作为。这些现象发生的根源,主要是择业者没有能够正确认识职业理想与现实的关系。

其实,在中职生实习就业后的前几年,大多数人都会感觉到现实与自己职业理想的落差非常大,这段时期被我们称为"职业探索期"。在这段时间里,职业理想与现实发生冲突非常正常。应该用这段时间积累经验,根据自己兴趣、能力等各方面的现实调整自己的职业理想,积极寻找机会,为自己的长期发展奠定基础。对于即将毕业的中职生来说,职业理想与"饭碗"的矛盾会经常发生。这种现象一旦发生时,既不要怨天尤人,也不要心灰意冷,而是要冷静地看待,认真地分析自己的职业理想定得是否脱离实际,职业素质是否符合自己所选择的职业。

理想职业必须以个人能力为依据,超越客观条件去追求所谓理想职业是不现实的。这就要求中职生在选择职业之前,要正确认识自己,给自己一个合理的职业定位。很多人以为人的能力、职业理想与职业岗位最佳结合,达到三者的有机统一时,这个职业才是自己的理想职业。但现实中有多少人能够达到这三者的有机统一呢?所以,理想职业是可遇而不可求的。

二、实习准备

(一)知识准备

1.基础知识的准备

实际上,在校学习期间,所有学习的科目知识都是为了实习以及今后工作做的准备。可以说,在学校所学的每一门课程,对实习和今后的工作都十分重要。由于所学知识涉及的科目繁多,学习时间相对较长,因此,有许多内容将会逐渐生疏,甚至遗忘,而进入实习又需要经常应用这些知识,所以有必要对这些知识进行温习。面对众多的课程,要在短时间内全部温习一遍,显然不现实,因此,建议同学们在进入实习之前,将所学的科目浏览一遍,看看自己学过哪些内容,哪些内容学得较好,哪些内容学得不好,针对那些学得不好的内容,重点进行补救,特别要注意对实习工种相关的科目的温习补救,同时,不要忘记携带学过的所有教材,有了这些教材,在实习中遇到问题,可以及时温习,并巩固这些知识。

2.对有关实习守则及职责的学习

在进入实习前,学校都要发有关实习守则及实习相应工种工作职责的资料,对这些资料的学习十分重要。为了同学们能够搞好实习,尽快地熟悉实习环境,特向同学们提出以下建议:

(1)认真学习实习生守则和实习生职责,明确实习目的和任务,并在实习前制订好实习计划;

(2)做好充分的思想准备和心理准备,端正实习态度,树立必胜的信心;

(3)充分考虑分析实习中可能遇到的问题和困难,针对这些问题和困难提出对策;

(4)做好有关学习用品的准备,如实习中所需要的书籍及实习工具等;

(5)了解和学习有关实习管理制度,以利尽快适应实习上岗工作。

(二)能力准备

1.从就业市场的角度来讲,对中职生生应该进行三个能力的培训

(1)工作能力

中职生参加实习就业工作就怕没有认知的本领,就怕没有能力。企业需要有多大的能力、多少本领,应该适应企业的需要。所以,作为学生,最重要的是要具备适应社会、适应工作、做好工作的能力,只要有能力就不愁找不到工作。所谓的就业力第一是能力,学外语的学生必须得把外语说得流利,和外国人说话像和中国人说话这么流利,你怎么能找不到工作?学美容的学生就把各种美容知识、技能掌握齐全,当为顾客服务的时候,有针对性地对顾客提出建议并收到良好的效果,怎么能不受人欢迎?实际上最重要的还是个能力问题。从古至今有本事的人,他们总是不愁找不到工作。所以说,就业

力第一是能力。

(2)适应能力

要有适应环境、适应社会的能力。青年人是既有优势也有短处。优势是他们的知识、事业心、体力、思维等各方面都比较活跃。但是他们也有一个缺陷，就是缺乏经验。而经验是干事业的基础。一个人对他所在的领域环境不熟悉，他很难有所创造，很难有所创新，很难干出成绩来。但是，有些年轻人的适应能力比较弱。到了单位以后，往往对周围的环境这也抱怨，那也觉得不足。不是领导方面的问题，就是周围同事的问题，要不就是环境的问题，抱怨得比较多，这很不正确。为什么不能适应这个环境？有些客观环境你改变不了，但是，你自己是可以改变的，你为什么不能改变你自己来适应这个环境？无论什么样的环境、条件都能适应，这样才能有所作为，才能干出点成绩。

(3)求职能力

过去年龄比较大一点的人讲"干一行、爱一行、专一行"，往往一辈子就干一件事情，而且事有所成。现在的年轻人则不然，换岗、改换工作的机会特别多，因此，年轻人在这方面应该好好培养求职的能力。

求职能力往往是一个人工作能力的反映。学校生活十几年，上学的时候花了那么多钱，毕业的时候连找工作的能力都没有，那么你的能力表现在什么地方？念了这么多年书，自己还不会养活自己，有的还需要父母养活。这种状况从某种程度上讲是教育的悲哀，也是教育失败的表现之一。因此，学生必须具备求职能力。

对于以上三个"力"的培训，应采取以下措施：

①抓学风、班风建设，引导学生学好各门基础知识。厚基础，宽平台，是应用创新的基础，也是就业、创业的基础。

②设立成才奖学金，奖励被社会认可的人才，如获得各类专业证书、发表论文、竞赛得奖的学生，等等。鼓励学以致用，引导学生把所学的知识与社会实践相结合，培养创新意识和实践能力。

③开展各种形式的主题班会，增强学生事业心、责任心、集体观念，提高他们与人沟通、相处和协调的能力。

④及早开展职业教育，引导学生提早进行人生规划，确定奋斗目标。

⑤就业能力培训辅导。从文明礼仪、谈话技巧等基本技能教起，帮助学生在"第一印象"上取胜。对学生就业推荐表、求职材料、面试技巧等的指导也要关注。

⑥做好实习教育、就业教育、创业教育和毕业教育。引导学生树立正确的择业观，帮助学生了解就业动态，各个行业发展趋势，用人单位需求。

2.企业对个人能力的要求

从具体的企业角度出发，对个人的能力要求有以下这些方面：

（1）适应能力

适应能力是一个人的综合素质的反映，与个人的思想品德、知识技能、创造能力等密切相关。一个适应能力比较强的人能够很快适应新的环境，即使是在比较困难的情况下，也能够变不利因素为有利因素，取得事业上的成功。

（2）交往能力

人际交往能力是人们实践经验的结晶，在教科书上是学不到的。因此，要培养自己的交往能力，就要大胆争取各种交流、交往的机会，培养自己与他人在心理方面的相容、交往时的诚实守信以及人格之间的平等等心理品质。

（3）管理能力

每个人在工作中都会程度不同地运用到组织管理能力，这是现代社会对于人才的新要求。在学生生活期间，培养自己的组织管理能力应注意两点：一是要学会抓住机遇锻炼自己；二是要注意用心向他人学习，以他人之长来补己之短。

（4）表达能力

表达能力主要包括口头表达能力、文字表达能力、数字表达能力、图表表达能力等。主要应把握以下几点：首先要敢于说，这是练好口才的前提；其次要做到有话可说（知识面宽），这是练好口才的基础；再次是要善于谈话，这是练好口才的关键。文字表达能力也是各级人才必备的基本素质之一，而当前中职生的文字表达能力却整体欠佳，这与学校的课程设置与培养模式的不尽完善有关。因此，中职生应该抓紧时间去研读有关的著作和范文，做练习，以使自己的文字表达能力得到锻炼和提高。

（5）动手能力

动手能力是将知识转化为物质的重要保证，是人才所必备的一项实践技能。对中职生而言，今后从事的行业大都需要极强的动手能力，而动手能力的强弱，将直接影响到个人能量的发挥程度。因此，中职生应加强动手能力的训练，为以后的工作打下良好的基础。

（6）创新能力

开拓创新能力是各种智力因素和能力品质在新的层面上融为一体、有机结合后所形成的一种合力。培养开拓创新能力要注意知识积累、增加才干，同时注意想象力和发散思维的培养。

（7）竞争能力

在现代社会，竞争能力是人们顺利完成某项活动所必备的一种心理特征，因而也成为人类所追求的一种能力品质。对于中职生来说，竞争能力的培养尤为重要。在培养竞争能力的时候，应注意以下几点：一要意识到竞争能力是自身发展和社会发展的需要；二要意识到竞争是实力的展示，掌握较多的技能，善于把握时机，敢于展示自己才会在竞争中取胜；三要意识到竞争实际上是人格的考验，必须在竞争中保持健康的心态。

(8)决策能力

决策能力是人们在面临多项选择时及时、果断地作出选择的一种能力,它可以使你以比较少的付出获得较大的收获。培养决策能力要注意以下几点:一是克服从众心理,二是增强自信心,三是注意把握全局,勿求十全十美。

(9)沟通能力

现代社会的进步和科学技术的发展,要求每个出色的社会成员必须具备较强的沟通能力。因为,作为单个的人已不可能再像过去那样独立地完成任何工作。培养沟通能力需要自信和技巧,应注意以下几点:一是要注意沟通中双方的互惠;二是要学会站在对方的立场和观点上看问题;三是要积极在矛盾和冲突中寻找共同点。

沟通要注意避免以下几种过失:一是对别人任意评价;二是不恰当的询问;三是命令的语气;四是威胁的话语;五是模棱两可的观点;六是注意力不集中;七是言不由衷。

(10)团队精神

团队精神是人的社会属性在当今的企业和其他社会团体中的重要体现。现在的用人单位一般都是把个人能力和团队精神作为两个最重要的评估标准,而对于后者则更加强调。

(11)德才兼备

"德"的内涵包括政治素质、事业心和责任感、务实作风和心理素质等。强调"德",不仅是我们这个时代对于中职生的要求,也是所有用人单位在选择人才上非常看重的一个标准。心态要积极,积极心态不是具体的能力指数,但个人能力发挥多少却取决于心态是否积极。事实上,许多失败者也就是在自己消极心态下经历了一次又一次的失败。

超级链接:

世界上著名的电器公司——松下公司有无数神奇的经验,但其中最为成功的一条是松下幸之助有一套育人、选人、用人的有效方法和标准,正是他在这方面的成功,才使得松下公司有今天这样辉煌的成就。

现在来看看松下公司的人才标准。

(1)不忘初衷而虚心好学的人。所谓初衷,就是松下公司的经营理念,即创造出优质的产品以满足社会、造福社会。松下幸之助在任何时候都非常强调这种初衷。他说,经常不忘初衷,又能够向别人学习的人,才是企业所需要的第一要件。

(2)不墨守成规而经常出新的人。松下公司允许每一个人在坚持基本方针的基础上充分发挥自己的聪明才智，使每一个人都能够展现其自身特有的才华。同时，也要求上司能够给予部下一定的自由，使每一个人的才能发挥到极致。

(3)爱护公司和公司成为一体的人。在欧美人那里，当人们问及一个人他所从事的工作时，他的回答总是先说职业，后说公司；而日本人则相反，总是先说公司，后说职业。松下要求自己的员工保护日本人的这种观念，要有公司意识，与公司甘苦与共。

(4)不自私而能为团体着想的人。松下公司不仅培养个人的能力，而且要求把这种能力充分应用到团队上，形成合力，这样才能给公司带来朝气蓬勃的景象。

(5)作出正确价值判断的人。松下公司认为，价值判断是包括多方面的，大而言之，有对人类的看法，小而言之，有对日常工作的看法，松下认为不能作出判断的人，实际上是一群乌合之众。这样的人，永远不会有多大的成就和作为。

(6)有自主经营能力的人。松下认为，一个员工只是照着上面交代的去做事，以换取一个月的薪水，是不行的。每一个人都必须以预备成为社长的心态去做事。如果这样做了，在工作上肯定会有种种新发现，也会逐渐成长起来。

(7)随时随地都是一个热忱的人。松下认为，热忱是一切的前提，事情的成功与否，往往是由做事情的决心和热忱的强弱决定的，碰到问题，如果有非要做成功的决心和热情，困难就会迎刃而解。

(8)能够得体地支使上司的人。所谓支使上司，也就是提出自己所负责工作的建议，促使上司首肯；或者对上司的指令等能够提出自己独到的见解和看法，促使上司修正。松下幸之助说："如果公司里连一个支使上司的人也没有，那这个公司就糟了；如果有10个能够支使上司的人，那么公司就会有无穷发展；如果有100个人能够支使上司，那就更不得了了。"

(9)有责任意识的人。松下公司认为，不论在什么职位和什么岗位上的人，都必须自觉地意识到自己所担负的责任和义务。任何岗位上的员工，只有自觉地意识到自己的责任之后，才会激发出积极的自觉探索精神，产生圆满的工作效果。

(10)有气概担当公司经营重任的人。有能力、有气概担当公司重任的人，不仅需要有足够的经营常识，而且需要具备管理和经营一个公司的品质。这种品质则是以上各种能力的有机结合，不仅需要勇气、自信，而且还需要具备一种仁爱和献身的精神。

评析：一个成功的企业需要员工具备这种职业品质，同样，一个人如果要想在任何领域取得一定的成就，也需要具备这些职业道德品质。否则，无论他多么聪明，智商多么高，成功一定与他无缘。没有任何一个企业愿意聘用懒惰、粗鲁无礼、纪律观念淡薄、心胸狭窄、奸猾狡诈、夸夸其谈、不务正业、毫无责任心和敬业精神的职员并委以他重任。在日常生活中，也没有人愿意与这样的人进行更多的交往。这种既无人缘又无职业道德品质的人要想成就一番事业，无异于痴人说梦。因此，一个人如果想要有所成就、有所作为，首先得从学习如何做人、如何做事开始，脚踏实地，一步一个脚印地去努力。

三、实习面试准备

(一)面试礼仪

1.求职面试,礼仪先行

凡是正式面试，面试考官必然会注意到的一个细节就是考生的礼仪问题，通常考生的礼仪问题也是面试考核的项目之一。所以求职面试，礼仪必须懂，也要非常恰当的使用，从而让考官相信你有从事职业的较高的涵养和礼仪素质。

心理学研究有个基本概念即首因效应，强调的是人与人交往中的第一印象通常非常难以改变，所以第一印象也尤为重要。求职面试的考生，我们的目标就是在求职的过程中尤其是面试的过程中，一定要给考官留下很好的第一印象。所以礼仪训练和礼仪知识的灵活掌握非常重要。

我们要做的基本事项是，面试前要保证充分的睡眠和愉快的心情，以保持良好的精神状态，面试前还应注意修饰自己的仪表，使穿着打扮与年龄、身份、个性等协调，与应聘的职业岗位相一致。

面 试 流 程

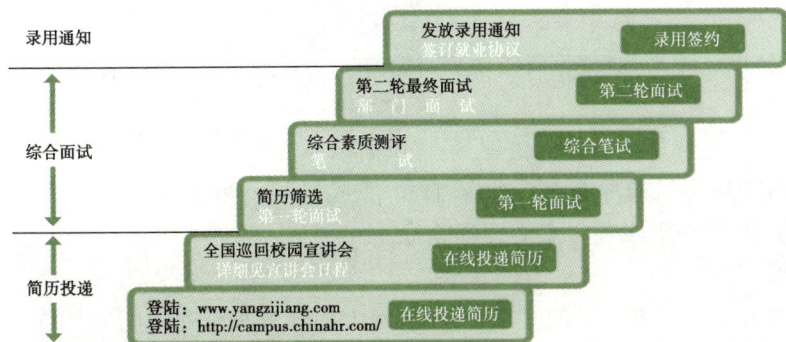

(1)男士着装礼仪。注意脸部的清洁,胡子一定要刮干净,头发梳理整齐。查看领口、袖口是否有脱线和污浊的痕迹。

春、秋、冬季,男士面试最好穿正式的西装。夏天要穿长袖衬衫,系领带,不要穿短袖衬衫或休闲衬衫。

西装的色调要以给人稳重感觉的深素色为主,如藏青色、蓝色、黑色、灰色等。配套的衬衫最容易的选择是白色。领带应选用丝质的,领带上图案可以根据自己的爱好选择,最好是单色的,它能够和各种西装和衬衫相配。单色为底,印有规则重复出现的小圆点的领带,格调高雅,也可以用。斜条纹的领带能表现出你的精明。领带在胸前的长度以达到皮带扣为好。如果一定要用领带夹,应夹在衬衫第三和第四个扣子中间的位置。

深色的袜子、黑色的皮鞋。皮带要和西装相配,一般选用黑色。男士着装要"三一律原则",即:皮鞋、皮带、皮包颜色一致,一般为黑色。

眼镜要和自己的脸型相配。镜片擦拭干净。

钢笔一定不要插在西装上衣的口袋里,西装上衣的口袋是起装饰作用的。

(2)女士着装礼仪。女士面试时的着装要简洁、大方、合体。职业套装是最简单,也是最合适的选择。裙子不宜太长,这样显得不利落,但是也不宜穿得太短。低胸、紧身的服装,过分时髦和暴露的服装都不适合面试时穿。春秋的套装可用花呢等较厚实的面料,夏季用真丝等轻薄的面料。衣服的质地不要太薄、太透,薄和透有不踏实不庄重的感觉。色彩要表现出青春、典雅的格调,用颜色,表现你的品位和气质,不宜穿抢眼的颜色。

丝袜被称为女性的第二层皮肤,一定要穿,以透明近似肤色的颜色最好,要随时检查是否有脱线和破损的情况,最好带一双备用的。

穿样式简单,没有过多装饰的皮鞋,后跟不宜太高,颜色要和套装的颜色一致,如果你不知道如何配色,最简单的办法就是穿黑色的皮鞋,凉鞋在面试时就不要穿了。

如果习惯随身携带包,那么包不要太大,款式可以多样,颜色要和服装的颜色相搭配。

化淡妆。如果抹香水,应该用香型清新、淡雅的,头发要梳理整齐,前额刘海不要超过眉毛。

佩戴饰物应注意和服装整体的搭配,最好以简单朴素为主。

出发前,最好从头到脚再检查一遍,看看扣子、拉链是否扣好、拉好,领子袖口是否有破损,衣服是否有褶皱,鞋子是否干净光亮。

2.交谈礼仪

(1)注视对方。和对方谈话的时候,要正视对方的眼睛和眉毛之间的部位,和对方进行目光接触,即使边上有其他人。如果目光不敢正视对方,会被人认为你害羞、害怕、甚至觉得你有"隐情"。

(2)学会倾听。好的交谈是建立在"倾听"基础上的。倾听是一种很重要的礼节。不会听,也就无法回答好主考官的问题。

倾听就是要对对方说的话表示出兴趣。在面试过程中,主考官的每一句话都可以说是非常重要的。你要集中精力,认真地去听,记住说话人讲话的内容重点。

倾听对方谈话时,要自然流露出敬意,这才是一个有教养、懂礼仪的人的表现。要做到:

记住说话者的名字。

身体微微倾向说话者,表示对说话者的重视。

用目光注视说话者,保持微笑。

适当地做出一些反应,如点头、会意地微笑,提出相关的问题。

(3)注意身体语言的运用。身体语言是指人的动作和举止,包括姿态、体态、手势和面目表情。它是一个人的修养、教育以及与人处事的基本态度的自然流露。

面试的时候,这些做法一定要避免:

拖拉椅子,而发出很大噪音。

一屁股坐在椅子上。

坐在椅子上,耷拉着肩膀,含胸驼背。

半躺半坐,男的跷着二郎腿,女的双膝分开、叉开腿等,会给人放肆和缺乏教养的感觉。

坐在椅子上,脚或腿不自觉地颤动或晃动。

面试时重要的是自信。这种自信可以通过你的步态表现出来。自信的步态应该是,身体重心稍微前倾,挺胸收腹,上身保持正直,双手自然前后摆动,脚步要轻而稳,两眼平视前方。步伐要稳健,步履自然,有节奏感。需要注意的是,如果有同行的公司的职员或接待小姐,不要走在他们前面,应该走在他们的斜后方,距离一米左右。俗话说:"此时无声胜有声"。用你无声的、职业化的举止,向招聘者表明"我是最合适的人选"。

3.交谈技巧

(1)把握重点,条理清楚。一般情况下回答问题要结论在先,议论在后,先将中心意思表达清楚,然后再做叙述。

(2)讲清原委,避免抽象。招聘者提问是想了解求职者的具体情况,切不可简单地仅以"是"或"否"作答,有的需要解释原委,有的则需要说明程度。

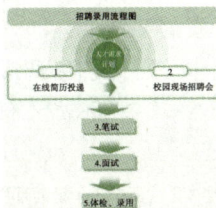

（3）确认提问，切忌答非所问。面试中，招聘者提出的问题过大，以致不知从何答起，或求职者对问题的意思不明白是常有的事，可以用"你问的是不是这样一个问题……"的方式将问题重复一遍，确认其内容，才会有的放矢，不致南辕北辙，答非所问。

（4）讲完事实以后适时沉默。保持最佳状态，好好思考你的回答。

（5）冷静对待，宠辱不惊。招聘者中不乏刁钻之人，可能故意挑衅，令人难堪。这不是"不怀好意"，而是一种战术提问，让你不明其意。故意提出不礼貌或令人难堪的问题，其意在于"重创"应试者，考察你的"适应性"和"应变性"。你若反唇相讥，恶语相对，就大错特错。

（6）要知之为知之，不知为不知。面试中常会遇到一些不熟悉、曾经熟悉现在忘了或根本不懂的问题，面临这种情况，回避问题是失策，牵强附会更是拙劣，诚恳坦率地承认自己的不足之处，反倒会赢得招聘者的信任和好感。

4.提问技巧

面试时若招聘者问你有没有问题，你可以适当问一些问题，并且应该把提问的重点放在招聘者的需求及你如何能满足这些需求上。通过提问的方式进行自我推销时十分有效的，所提问题必须是紧扣工作任务、紧扣职责的。

你可以询问诸如以下的问题：应聘职位所涉及的责任以及所面临的挑战；在这一职位上应该取得怎样的成果；该职位与所属部门的关系以及部门与公司的关系；该职位具有代表性工作任务是什么等。当然也要注意不要问一些通过现实了解能够获得的有关公司的信息，这会让人对你面试目的是否明确表示怀疑。

5.谈话技巧

（1）谈话应顺其自然。不要误解话题，不要过于固执，不要独占话题，不要插话，不要说奉承话，不要浪费口舌。

（2）留意对方反应。交谈中很重要的一点是把握好谈话的气氛和时机，这就需要随时注意观察对方的反应。如果对方的眼神或表情显示对你所涉及的某个话题已失去了兴趣，应该尽快找一两句话将话题收住。

（3）有良好的语言习惯。不仅要表达流利，用词得当，同样重要的还有说话方式。

①发音清晰。有些人个别音素发音不准，如果影响讲话整体质量的，应少用或不用含有这个音素的字或词。

②语调得体。得体的语调应该是起伏而不夸张，自然而不做作。

③声音自然。音调不高不低，不失自我，不仅听来真切自然，而且有利于缓解紧张情绪。

④音量适中。音量以保持听着能听清楚为宜。

⑤语速适宜。要根据内容的重要程度，难易度及对方注意力情况调节语速和节奏。

此外还要警惕容易破坏语言语境的现象,比如:过分使用语气词、口头语,这不仅有碍于听者的连贯理解,还容易引人生厌。

(二)面试问题含义的分析

超级链接:

常见面试考题分析

1.请简单介绍一下你自己(为什么不谈谈你自己?)

分析:这是个开放性问题。从哪里谈起都行,但是滔滔不绝地讲上一两个小时可不是雇主所希望的。这样的问题是测验你如何选择重点并且把它清楚、流畅地表达出来。显然,提问者想让你把你的背景和想要得到的位置联系起来。

回答对策:有几个基本的方法。一是直接简要回答所问的问题,另一个是在回答前要求把问题说得更明确。在上述两种情况下,你都要很快地把你的答案转到你的技能、经验和你为得到目前这份工作接受的培训上来。

回答参考:"我来自一个小家庭,有一个弟弟,父母都还在工作。我攻读幼儿教育专业。暑假期间在一家幼儿园担任实习老师,学了不少的知识,也得到了很多的锻炼。例如,我全权负责的一个小班的幼儿舞蹈获得了区里的舞蹈比赛二等奖,受到园长和家长的一致好评。我相信以前的经验和学历将帮助我迎接更大的挑战。"

2.你觉得本公司如何?

这个问题一般是在你应聘某个工作进行到第三四次面试时才会被问到。听起来不是什么问题,但你千万要小心应付。保守地回答这个问题就要用点计策。你可以告诉面谈者到目前为止你还没有机会做出一个具体的结论。但从你现在的观察所得,却留下了深刻的印象——这个地方会让你感到非常的愉快。

如果你发现有的地方确实需要改革,而且你也能提供建议,尽量把你的建议提出来,倒不失为一个好方法。当你提这些建议的时候千万要注意,不管你是一位多强的应聘者或公司多么的需要你这位人才,如果你表现得像一位"乱世英雄",那你很可能就是在自掘坟墓。

3.你会服从公司的领导吗?

有一则故事说:一公司正进行招聘面试,老总对甲说请你把走廊尽头的玻璃窗打碎,甲照着做了;老总又对乙说,请你把门口的那桶水泼到楼下车库里坐着的那位工人身上,乙照着做了;老总又对丙说,请到厨房把厨师打一拳,丙立刻回绝道:我不能这样做,因为我的良知不允许。尽管我应服从您的命令,但我更要服从我的良知。后来,丙被录用了,可见,要服从而非盲从。

4.你最感兴趣的是什么?

你也许对什么工作都提不起劲来,但没有人会期望听到你这种回答,面谈者所需要的,就是值得你下工夫的地方,你可以谈谈你非常欣赏公司的营销理念或其他方面,并且解释为什么欣赏它。

5.你承担得了压力吗?

别着急着回答说:没问题!也许这个压力确实太重了,也许这个压力根本就不必加在你身上。不管怎样,先不要做正面的答复,避免说你多么的善于面对压力,你可以说压力从来未给你带来麻烦,或者说你很喜欢压力带来工作的喜悦。

6.你有哪些主要的优点?(你的长处在哪里?)

分析:像前面问题一样,这个问题问得相当直接,但是有一点隐含。如果你知道你的长处是什么,以及它们与这个工作的关系,那么这个问题不难回答。

回答对策:你的回答应当首先强调你适应的或已具有的技能。雇用你的决定在很大程度上取决于这些技能,你可以在后面详细介绍与工作有关的技能。回答时,一定要简单扼要。但要记住,一定要有具体的例证来支持。切记要强调与工作有关的长处。如"我的工作能力、适应能力很强、人际关系很好"等都是可提出的优点,但尽可能要提供与工作相关的证据,这会使你与众不同。

回答参考:"我具有朝着目标努力工作的能力。一旦我下定决心做某事,我就要把它做好。例如,我的志愿是成为一个出色的公关人员,我喜欢接触不同的人,服务人群,为了实现这个目标,我目前正在修读有关课程。"

7.你有哪些主要的缺点?(你认为自己有缺点吗?有哪些?)

分析:这是个棘手的问题。若照实回答,你可能会失去拿到工作的机会,雇主试图使你处于不利的境地,观察你在类似的工作困境中将作出什么反应。每个人都有缺点,但不意味着这些缺点一定会妨碍你做好工作。甚至有的缺点即使提出来或经过适度的转化根本不会影响到面谈者对你的评分。

回答对策:回答这样的问题应诚实。圆满地回答应该是用简洁的介绍抵消反面的问题。

回答参考:"我需要学会更耐心一点。我的性子比较急,我总要我的工作赶在第一时间完成。我不能容忍工作怠慢。"

8.你能和别人相处得很好吗?

分析:这个问题考核你的人际关系以及处理人际关系的能力。

回答对策：良好的人际关系和具备比较高的处理人际关系的能力是顺利、高效、高质量完成工作的必备条件。所以用人单位普遍重视这个问题。回答时，记住所有用人单位都喜欢具有良好的人际关系的人才和具有较强的处理人际关系的能力的人。所以回答时要让用人单位觉得你的人际关系不错，或者处理人际关系的能力比较强。

回答参考：比较好的回答方式是："让我用这个方式说，到目前为止，我还没有遇到不能(很难)相处的人。"

9.你要求的薪水是多少？

分析：如果你对薪酬的要求太低，那显然贬低自己的能力；如果你对薪酬的要求太高，那又会显得你分量过重，公司受用不起。一些雇主通常对事先招聘的职位定下开支预算，因而他们第一次提出的价钱往往是他们所能给予的最高价钱。他们问你只不过想证实一下这笔钱是否足以引起你对该工作的兴趣。

回答对策：在商谈薪酬之前，你应该调查和了解自己所从事工作的合理的市场价值。可以的话，最好做到对用人单位的员工的薪水、薪水的构成以及单位所在城市的平均消费水平、平均工资水平心里有数，记住商谈时降低原来的开价轻而易举，但一旦开出低价后想要再提上去就难乎其难。如果拒绝对方的条件，也要为协商留有余地。如果雇主需要你，他会乐于满足你的要求。一旦你对他们提出的标准说"不"，交易就做不成了。

回答参考：遇到这个问题时，你最好先问面谈者一个问题："我觉得让我们弄清楚在薪水之中究竟包含了那些项目，这样谈起来会更有意义。"

"钱不是我唯一关心的事。我想先谈谈我对贵公司所能做的贡献——如果您允许的话。"

"我对工资没有硬性要求。我相信贵公司在处理我的问题上会友善合理。我注重的是工作机会，所以只要条件公平，我不会计较太多。"

10.我担心你缺乏……

所缺乏的可能是经验或某些训练，别被这个问题困扰，因为这个问题未必不是个好征兆，因为只有面谈者认为你确实是一个适合的人才，但还有一些美中不足之处，这个问题才会出现。因此你可以表示对他的关心感到非常的感动，同时立刻给面谈者一些有利的佐证，以打消他的顾虑。

11.你认为什么样的决定尤为难做？

如果你用他问题的这些词进行回答，就只能对自己不利了。要屏去那些否定性的词汇：我没发现什么样的决定尤为难做，但确实有时做一些决定要比做另一些决定要多动脑筋,多做些分析,也许你把这些叫做难,但我认为我拿工资就是做这些事情的。

12.你是不是个冒险家?

这对于警惕性不高的人来说的确是个陷阱。如果你简单的回答说是。对方就会自然地对你谨慎提问:那么说你有时很草率了?因此应在给对方造成可乘之机之前,把问题敲定:你认为冒险的定义是什么?能不能说个例子。无论主考官是否深入提问,你已经表明了你不会做无谓的冒险,你是个三思而后行的人。如果你还把冒险问题探讨下去的话,要记住即不能让对方认为你是个胆小鬼,也不能让他认为你是个莽夫。"你看,我并不想把我所在的公司置于冒险的境地"。

13.顾客不买你的货怎么办?

做生意免不了遇上这种情况,并不是你推销什么人们就会买什么。重要的是在顾客拒绝买你的商品时不要让他拒绝了你。

14.如果我告诉你在这次面试中你表现很差,你会怎么办?

你认为这是严重的挫折或是毁灭性的一击吗?那么你就忽略了问题中的如果。考官并没有真的说你表现很差,而是在问如果他说你表现差你会怎么办?对待批评的关键是既不抵抗也不接受,而要从中学习,下面的回答就不错:那么请指出对我的哪个方面不满意?你认为我存在的问题是什么?通过你的回答我发现你对我有误解,我会尽量解释清楚,如果你认为情况更糟了我会听取你建议并对错误加以改正。虽然我并不愿意听到自己在哪个方面表现糟糕,但毕竟在失败中可以得到珍贵的教训。

15.你认为什么样的人在工作中难于相处?

你应该学会千方百计的避免作否定回答的技巧,那么你可能很简单的回答说:我觉得没有什么人在工作中难相处,或:我跟大家都很合得来,这两种答法都不算坏,但都不十分可信,你应该利用这个机会表明你是一个有集体协作精神的人,在工作中唯一不能相处的是那些没有集体协作精神的人。他们不肯干却经常抱怨,无论怎样激发他们的工作热情,他们都无动于衷。

16.你并没说服我你能胜任此职。

听到你并没有说服我这句话,你应抓住机会一下子说服对方你胜任这个工作,这回你可借鉴老练的推销员的经验,当推销员遭到拒绝时,他会以提问的方式寻求突破口。你也应该这么做,"你为什么这么说呢?要怎样才能说服你呢?"

17.看到这只笔了吗?把它推销给我。

这是一类典型的考你现场应变能力的问题。旨在测试你的实际反应能力,这类问题重在你的实际反应而不是结果,因此,应这样回答面试官:(提问)这种笔的消费者将会是什么样的人呢? 并研究这种笔的特点,明确其价值和益处。如果这确实是实际的销售情况的话,应向面试官解释如何取得有关笔的市场销路、特点、益处以及价值的全部数据资料,扼要介绍如何利用这些数据制定的销售计划。然后形象地勾画出这种笔的未来用户。并以此选择你事先制定的销售计划。

18.如果你只能带三样东西到一座荒岛上的话,带什么呢?

你对这个问题的回答就能让人了解你,也同样能了解你对未来职位的理解。如果这个职位需要极大的创造力和想象力,你随身携带的物品就应该是一本《白鲸》、一个记事簿和一艘可以乘坐回家的船。如果这一职位需要讲究实际的话,就应该带水、熟悉孤岛上生活的专家以及一条船。

19.你找工作花了多少时间?

这是个看似无关紧要的问题,但是除非你的工作经验中有一年或更长时间的空缺,你的答案最好是:我刚刚开始找工作。如果你确信面试考官已经从某种渠道知道了你找工作所花费的时间,比如说你是通过某个知道你工作经历的人引荐的,那就准备好向面试官解释为什么你还没收到和接受任何接收函。

不管对与错,许多面试官认为,你失业的时间越久,你被录用的可能性就越小,所以你要准备好对付这种偏见。

20.你怎样应付变化的情况?

当然,最好的回答是你要善于应变,事物总是处在变化之中,要想保持竞争力,就必须能够适应各种变化,自然界有"物竞天择,适者生存"的规律,社会也一样,技术的革新、人事的变动、领导风格的改变、业务结构的调整,甚至产品的改进,等等,所有这些都需要我们具备一定的应变能力。

在回答时你可以找一个你成功应付变化的案例,并凭此说明你不但能够接受和适应变化,而且能在变化中得到更大的发展。

21.在学校里你参加了哪些课外活动? 这些活动中你最喜欢哪一个?

面试考官通过这个问题来看看你是不是一个勤奋的、充满激情的人,面试考官可能对你的成绩已经在你的简历或应聘材料中看到了。现在想了解你是不是一个一心只读圣贤书的书呆子。

但也要记住你不能拿这个问题开玩笑。如果你说,"我有许多爱好,但我最爱的是在周末的晚上抱着吉他在女生宿舍楼下唱歌",当然,这也可能是实话,但这样的回答可能会降低考官对你的评价。

22.假如时光倒流,你从明天开始新的中职学习,你会选择那些课程？为什么？

没有那一家公司会相信一个刚从中职毕业的学生就会在工作岗位上应付自如。经验积累的培训对提高工作适应性是完全必要的。因此,作为一个经验相对缺乏的应聘者来说,面试考官很可能设法考察一下你的可塑性。

对课程选择所做变动的目的在于使自己具有更强的竞争力去应聘职位。因此你可以选择更多的市场学方面的课程,或是一门会计课程,或是参加更多的统计学的讲座。

同时,也要敢于承认自己在选择适合自己的课程时的确走了一些弯路。然后还应该谈谈那些与工作没有直接关系的课程,对你自身工作素质的提高,也是有帮助的。

23.你在哪门课程上得了最低分？为什么？你认为这会对你的工作表现有影响吗？

对于考官来讲,在面试你以前,他可能已经看到了你的成绩单,但有些人并非如此,这时,如果他问起这个问题你可千万不要自毁前程！

如果你学的是计算机专业那你就没有理由说你在计算机考试中得了最低分,即使你能证明你是高分低能的最好反证,那也可能使你的面试分数打折扣。如果你应聘的职位就是搞计算机的,那就更值得怀疑了。

但如果你是学文学的,数学得了最低分,这恐怕情有可原,因为你可能为搞懂文学上的一个悬念而花费了大量的时间和精力。

24.你认为工作中哪些方面是最重要的？

对这个问题的错误回答可能会使你丧失就职机会,这个问题的设计是要考你的时间分配能力,分辨轻重缓急的能力以及是否有逃避工作任务的倾向,因此在回答此问题时,要结合你要应聘的职位作出比较稳妥的回答。

(三)面试考核的重点

通过以上面试问题的列举和分析,我们可以对面试中的考察重点进行如下的归纳和总结:

(1)考察重点:表达能力、概括能力、条理性

问题:"请你做一个自我介绍。"

"请你叙述一下最近的主要工作。"

判断:表达是否清晰、流畅,是否能归纳、概括,重点是否突出,条理性如何。

(2)考察重点:责任心

问题:"假如分配你一项任务眼看期限已到,难以完成,你怎么办?"

判断:此问题的回答不难看出应聘者的责任心以及工作方式。

问题:"你是否愿意向上级提出合理化建议?"

判断:常提合理化建议者,不但反映出其创新性,也反映其责任心。

(3)考察重点:组织、协调能力

问题:你在单位(学校)经常组织活动吗?请具体描述你是怎样组织某一次活动的,你在其中的职责是什么?

判断:工作的计划性,调动各方面的能力,协调能力如何?

(4)考察重点:心理承受能力

问题:如果受到领导不公正的待遇,你会如何处理?你怎样处理来自公司内部的投诉?如果这次面试你被拒绝,你会怎样做?

判断:是否能理智恰当地处理来自内、外部的压力,是否具有同情心、包容心,出现问题的时候更多的是强调内部(主观的、自身的)原因,还有外部(客观的、他人的)原因。

(5)考察重点:自信心

问题:"你为什么认为自己适合这项工作?"

"你对所应聘的岗位有多大把握,为什么?"

"你觉得你能做好某职位的工作吗?请讲具体理由。"

判断:自我表现意识,独立自主处理问题的能力,是否喜欢具有挑战性的工作。

(6)考察重点:自我认识能力

问题:"请对自己的个性特征做一个描述。"

"请对你的优点和缺点做个自我评价。"

"你的领导、同事和朋友怎样看待(评价)你的?"

判断:自我评价的客观性、自我反省性。

(7)考察重点:分析能力

问题:"你怎样解决工作中的难题,请举例说明过程?"

"假如分配你一项全新的工作你该如何入手?"

判断:所举事例的难易程度,综合分析问题的方式。

(8)考察重点:思维的严谨性、逻辑性

问题:"你在以往工作中遇到过什么困难?是怎样解决的?"

"你认为成功和失败有什么区别?"

"安排工作时,你怎样决定事情的主次?请举例说明。"

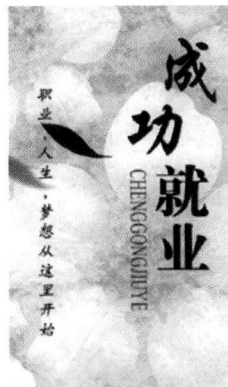

判断:回答问题是否抓住重点,能否把握住事物的本质,论证是否有力,前后观点是否一致,论述过程中是否遵循逻辑规则。

(9)考察重点:应变能力

问题:"我觉得你的谈话有点言过其实。"

判断:应变速度如何。回答是否巧妙。

(四)回答面试问题应该注意的问题

不要因为用词不当而破坏了良好的关系,应避免以下情况:

1.极具"杀伤力"的语言

"你不懂……"

"我是正确的……"

"你到底什么意思……"

"你说的不对……"

"你有什么建议……"

"我讨厌……"

2.逃避责任的语言

"这不是我的错……"

"那个责任不应该由我来承担……"

"对于那事我一无所知……"

"那事与我无关……"

"某某事本应该由谁来做。"

3.空洞的、多余的语言

"某种……"

"或多或少……"

"某种程度上……"

"我设想……"

"你知道不……"

"我想说的是……"

"知道不"(如"别人都认为我很善于与其他成员合作,知道不？")

"对不"(如:"你不能那样期待成功,对不？")

"明白不"(如:这是完成任务的唯一途径,明白不？)

"也许是"(如:"我会做那件事,也许是,马上")

4.不宜谈的问题

(1)人际关系复杂

(2)收入太低

(3)上司难以相处

(4)分配不公平

(5)工作压力太大

四、面试模拟现场

它山之石：

模拟一

公司名称：××电器集团

考试面试官：人力资源部马主任

应聘岗位：产品营销

Q：能不能谈一下你在学校学习期间有什么相关的社会活动经验？

A：我学的是机电技术应用专业，但我还学习了市场营销的主要课程，平时比较喜欢参加学校团体活动和社会实践活动，连续两个暑假在××公司做过兼职，从事一些相关的联络工作……

（提示：回答问题要诚实中肯，切忌撒谎和浮夸；力争引起主考官的共鸣。）

Q：你为什么想到我们公司工作呢？

A：我在××(媒介)看到贵公司的招聘广告，对贵公司刊登的职位信息作了一些分析，觉得我所学的专业与贵公司的职位要求相符，我还在贵公司的网站上看到贵公司将在三年内大幅度扩大营销队伍的新闻……

Q：你所期望的待遇可能超过了我们公司的预期，我们无法满足你的要求，你能接受吗？

A：我愿意在双方达到一个共识的基础上，在一定时期，按公司新进入员工的待遇标准工作，当然具体的待遇标准还要由公司评估我的表现及能力后确定。

（提示：回答这类问题要勇于为自己争取公正的待遇，但也应保持一定弹性，让一切充满可能性。）

Q：今天的面试就到此为止了。有进一步的消息，我们会及时通知你的。谢谢你。

A：十分感谢您抽出宝贵的时间和我面谈，我从中受益匪浅。希望下次有机会再当面请教。再见。

（要记住：凡事预则立，不预则废，有充分的准备，方能攻无不克，战无不胜。）

模拟二:求职心理情境讨论

程序:

(一)分组

通过设问"如果现在就是某单位的面试,你是什么样的心理?"实现自然分组。

(1)可以将预测的心理写成卡片(卡片可以选用符合心理的色彩。如果学生的心理和主持人的预测不同,可以用写好的卡片来引导学生选择,也可以将学生的不同心理补充在准备的空白卡片上),将卡片发给具有某种心理的学生,相同心理的同学聚在一起,组成学习小组(人数较多的,再分组)。

(2)商量活动约定:主动参与、真诚开放、尊重接纳。

(二)情境讨论

可以根据分组情况准备情境卡片,通过抽签确定讨论主题。讨论前请各组推荐记录员和发言代表。通过此环节让学生敞开心扉,真正了解学生的择业心态,小范围的交流让学生开始审视自己的择业观。

任务:面对以下情境,你会选择哪种情况?(行为)为什么?(心理)并预测结果(效果)。将讨论结果用彩笔记录在讨论结果记录表上(为有效交流做准备)。

(1)求职时你会选择什么岗位:服务员(推销员)、领班(主管)、经理。

(2)择业时你最看重:待遇、是否能学到经验、单位的知名度以及城市(市内、市外)。

(3)面试前你会在心里对自己说一句什么话?

(4)如果你到求职现场,你会去什么地方:人多的、人少的、专业对口的、就近的招聘单位。

(5)实力不如你的一位同学成功应聘到了一个较好的单位,你认为他成功的秘诀是:运气好、有关系、发挥超常、很正常。

(三)互动交流,引发领悟

通过组与组的交流,影响学生的择业心态。

每组汇总讨论结果,分为良好心态和不良心态(学生自己认为),再派1名同学到其他组去分享交流(要求:"客人"要带礼物,可以是良好心态的推荐,也可以是对"主人"的问候和赞美……;"主人"也要回敬,尤其是针对不良心态的调节提出好建议),然后将交流后的收获体会带回本组,修改讨论结果,并用其他色彩的笔将改变后的观点写在旁边(主持人可以随意参加一组,引导学生交流,突破难点)。

(四)集体分享,深化效果

通过班级团体的交流,进一步影响学生的择业心态。

每组可派 1 名发言代表阐述本组观点,其他组同学认真倾听后可提问、评价择业心态、提出有效建议等。(主持人可以帮助表述、针对性提问或补充)。

(五)整合经验,回馈延伸

(1)每组推荐一名具有良好择业心态(自信、定位准确等)的同学,并做展示。

(2)将心理分组卡片回收,每组再随意抽取一张,并在卡片后写上鼓励、赞美、建议性语句,当作礼物赠送。(分享)

【思考题】

1.分析自己专业所需要具备的知识和能力以及自己在专业上的差距。

2.全面分析自己的性格特点,客观认识自己的优势和不足,写一份自我分析报告。

【交流与讨论】

应聘趣闻

(一)

一家公司要招聘一位公关部主任,当 A 得知这一消息时,已经来不及准备有关的公关的知识问答。怎么办?与早有准备的竞争对手比"公关知识",岂不是必败无疑!于是 A 急中生智,来了个独辟蹊径,这就是抓紧有限的时间了解到这家公司创始人的经历。然后在面试时,他感慨万千地说了一句:"如果我能成为贵公司的一员,将不胜荣幸。因为据我所知,贵公司创始人是 8 年前白手起家的。如此坚韧不拔的精神,定会使我大有收获!"而这句话也就立刻引起这家公司创始人极大兴趣和情感上的共鸣,使之对 A 产生了好感。A 仅施此招就战胜了所有的竞争者。

(二)

有家高级餐馆要招聘一位女领班,早已做好面试准备的 B 姑娘对此胸有成竹,可是由于疏忽,负责转达面试信息的亲戚把时间记错了,致使 B 错过了面试的机会。怎么办？B 姑娘没有抱怨任何人,而是勇敢地闯进这家公司的总经理办公室,礼貌地问了声好,然后从容地说:"录不录取我是贵公司的权力,我无权强求。但我必须把话说清楚,因为这直接关系到我的信用。"说着把实情讲了一遍,然后说了声:"谢谢。谢谢你们认真倾听了我的辩解。再见。"说着从容转身走了出去。而奇迹也就在这刹那间出现了,总经理对姑娘的言行大加赞赏,兴致勃勃地对秘书说了一句:"这就是我要找的人！通知她,我们选择的女领班就是她！"

(1)在这两则趣闻中,A 先生和 B 小姐是凭借什么最终获得用人单位青睐？

(2)你还有其他方法来化解 A 先生和 B 小姐所遇到的危机吗？

第四单元　顶岗实习

【引例】

实习　上岗　成才

营销专业的叶紫薇在实习时经学校推荐到了某名牌服饰做营业员,同去的还有将近十个同学。实习上岗后,大家都感受到了压力,品牌服饰虽然有其忠实的消费群体,成熟的销售渠道,但他们严格的管理却让人吃不消了。同学们纷纷抱怨上班的时间站得太长,脚都麻木了,却不准坐一会;顾客来挑选衣服时,公司要求面带微笑进行服务,可最终顾客却什么也没有消费,费了半天劲,业绩还是为零;甚至老员工经常把新手指使得团团转,自己忙活了一天,却没得到应有的肯定,还被其他老员工批评……如此的抱怨不绝于耳。

当很多同学思想开始动摇时,叶紫薇却明确了一点:公司在招聘之初就明确将大家作为店长的人选进行培养,机遇就在眼前,就看自己是否能抓住。因此当大家都在抱怨时,叶紫薇却在总结销售的经验,观察老员工成功说服顾客消费的技巧,研究自家品牌的特色。很快叶紫薇就在这批同学中脱颖而出,成为销售业绩的冠军,老员工对她的勤恳与谦卑也赞不绝口。

三个月后,还在实习的叶紫薇就已经成为这家品牌服饰在一家大型百货公司销售点的店长了。实习结束时,叶紫薇已作为一个成熟、优秀的店长成为了公司的重点培养对象,而当初只顾抱怨的同学却还在原地踏步。

【点评】很多同学在上岗之后不能适应角色的转变,没有及时调整自己的状态,从而贻误了自己的发展。能够及早认识到自己的发展目标并将它付诸行动,叶紫薇便成了同学中的领跑者,得到了更多的发展机会。

【想一想】新的生活开始后,很多同学都想有一番作为,来证明自己的价值。但该怎样来适应职场,怎样做才能获得领导、同事的认同,体现自己的人生价值,却是一门不小的学问。

经过紧张激烈的面试后,同学们终于松了一口气,有了自己的实习岗位,即将踏上实习征程,未来的蓝图已徐徐拉开大幕,这一切都是良好的开端。那么,我们踏上顶岗实习岗位将做些什么?

一、在顶岗实习中努力学习和提高自己

(一)培养和提高自己的实际能力

实习是学校教学的一个重要组成部分,它的一个重要功能,在于运用教学成果,检验学习效果,并在对应的企事业单位让学生通过亲身实践,学习了解工作岗位所需要的实际能力,而这种实际能力的培养单靠课堂教学是远远不够的。例如,美容类专业学生,通过顶岗实习了解实际美容操作过程,熟悉企业管理的基本环节,实际体会一个美容师的基本素质要求,以培养提高自己的操作技能、适应能力、协调沟通能力等。

(二)有助于提高学生的就业和创业能力,帮助和促进学生就业

实习有利于学生职业独立性的加强。在实习中,主要是组织学生的"在岗位上工作"的实习模式,切实营造了职业氛围,让学生更加主动积极地投入,使学生真实地了解到了具体工作的内容、职责。学生实践多了,在技术方面更加自信,加强了独立从事生产的能力,工作起来更加积极主动认真,进而深入生产实际中发现问题、分析问题,不断提高自身解决问题的能力。学生在较长的实习中逐渐深入企业生产一线,熟悉企业管理模式、运作机制,深刻体验企业文化,树立管理意识,有利于缩短未来的就业磨合期。再者,中职学生除了专业技能过硬的要求外,还需要良好的职业素养和正确的就业观——这是学生职业独立性的又一表现。在中职毕业生就业大军中,不乏毕业生因为思想认识不清或者职业心理准备不足导致失业的例子。比如,学生实践技能不足而临场不适应、学校环境和工作具体环境存在一定差距出现的不适应、毕业生过高估计自己导致从事具体工作时缺乏责任心和热情等职业独立性不足的情况,通过实习可以得到克服或者改善。实习是学生走向正式工作岗位的前奏,可以帮助实习学生克服许多就业前的心理障碍,以良好的心态和正确态度完成"准员工"角色,并对自身的职业价值作一个全方位的考评,以加强社会扩展能力和社会实践经历,更好地适应未来的职场。

(三)能够减轻学生及其家庭的经济负担

中职在校的三年级学生可以通过实习主要是顶岗实习取得一部分生活补助。

职业教育的定位是培养具备良好的职业理想、职业道德的劳动者和技能型人才,社会也需要这种人才,要求我们强调学生的劳动技能,就是要让职业学校的学生敢动手、爱动手、能动手。中等职业教育除了课堂教育以外,应该更加注重实践的教育,提高学生的动手能力。学生经过在校的两年学习和技能训练,已具备一定的工作能力,三年级的时候应该面向社会实践,面向企业、面向工厂,工学结合、顶岗实习。在实习中学生会付出劳动,同时也能为企业创造一定的经济效益,相关的企业要给这些学生提供一定的报酬,减轻学生及其家庭的经济负担。

二、实习纪律与职责

(一)实习纪律

学生在企业顶岗实习期间既是学生身份,也是企业的准员工(或称实习员工)身份,要接受企业与学校的共同管理。学生应自觉遵守学校的校纪校规和实习单位的有关规章制度,维护社会安定和实习教学秩序。

(1)实习过程中,应严格遵守实习单位各方面纪律,严守作息制度,不得迟到、早退,不得擅自离岗;

(2)实习过程中,实习学生要严格遵守相关操作规程、劳动纪律,保证实习安全;

(3)实习生在实习单位应尊重实习指导教师,要服从分配,认真工作,并遵守单位的保密制度。若遇到重大问题,应及时与实习指导老师及学校联系,由学校与实习单位协商解决,学生不得与实习单位直接发生冲突。若因学生原因给学校声誉造成不良影响,学校将根据有关规定给予相应处分。

(二)实习学生的职责

(1)按照实习计划、工作任务和岗位特点,安排好自己的学习、工作和生活,发扬艰苦朴素的作风和虚心好学的精神,培养独立工作能力,刻苦锻炼和提高自己的业务技能,保质保量完成各项工作任务。

(2)认真写好实习工作记录和工作报告,顺利完成学业。

三、实习中的安全意识

学生在顶岗实习中,或是在就业工作时应特别注意安全问题,要重视企业的安全教育工作,切实做到安全第一,预防为主;要在行动上引起高度重视,确保顶岗实习顺利、安全完成。

(一)顶岗实习中的安全

学生在实习中应严格按照下列要求遵照执行:

(1)了解所在企业、岗位的特点,严格遵守所在企业的规章制度,服从企业领导和实习指导教师的安排,对同事要有礼貌。

(2)认真学习和掌握所在岗位的操作规程,并按照安全操作规程规范操作。

(3)做好职业防护,穿工作服。

(4)严格遵守作息时间,不迟到、不早退。实习期间,应固定工作岗位,不串岗,不去企业人员很少去的地方。

(5)严格执行请假制度,离开实习岗位应提前通知企业、部门领导,并征得同意。

(6)中途停止在企业的顶岗实习,必须履行报告制度,经批准后,将变动情况通知指导教师进行登记备案。

迈入职场,个人角色面临着从学生到职业人士的转变,而在真正成为职业人之前都要经历实习期间的考验,因此需要注意安全、培养安全意识,顺利度过实习期。

(二)顶岗实习中个人财物安全

在校外实习或将来就业,一般不住在单位区域,因此学生在达到住宿地后应安全放好自己的行李用品,贵重物品注意妥善保管,现金应及时存到银行随取随用。上班或外出时门窗应关好。

有的企业不安排住宿,学生只能自己租房。合租房屋应找同一学校的或认识的人。另外,注意住房的周边环境,特别是住房的安全防盗措施、消防设施是否完好,有无安全隐患。

四、实习、上岗、成才

机会是一个不可捉摸的精灵,无形无影,无声无息,它有时潜伏在你的工作中,有时徘徊于无人注意的角落,你如果不用苦干的精神努力去寻求、去创造,也许永远遇不到它。没有耕耘,就没有收获,任何成功都是努力争取的结果。

(一)实习上岗

良好的开端是成功的一半,抓住培训机遇适应工作环境。一般来说,企业对新招聘的员工要进行一段时间的培训,培训内容有组织纪律、企业文化、职业技能等。培训时间一般为2~4周。

实习生离开学校走向社会是人生的一次重大转折,上岗前的培训是从学生到员工角色转变的过渡期,要抛弃学生时代所形成的依赖、任性心理和一些不良的生活习惯,树立新的企业(公司)职工的角色意识,注重用新的角色严格要求自己,认真对待所培训的学习内容和训练项目,尽快适应新的规章制度、工作环境。

1.树立良好的第一印象

第一印象在实际生活中有着重要的意义。实习生在新的工作岗位上,要积极进取、踏实肯干,注意表现出一个优秀员工应具有的优良品质。优秀品质要从具体工作中培养,从日常生活中锻炼,从每一个细小环节上做起。每一项工作任务都要认真对待,一丝不苟地去完成。另外,要特别重视领导安排给自己的第一项工作,即使这项工作不重要,或是比较苦、比较累,也要把它完成好,以此取得领导和同事对自己工作的认可。如果领导交办的工作很复杂、很重要,更要全力以赴去完成,以此证明自己的实力。对工作应踏实肯干,绝不能因工作脏、累、单调而轻视或推诿。要自觉遵守单位的各项规章制度和工作纪律,不迟到、不早退;干工作不拖泥带水,不计较个人得失;工作时间不闲谈,不干私活;不乱翻别人办公桌上的公文、文件;不长时间高声接打私人电话;尽量不在办公室接待亲友同学;不说低级或歧视他人的笑话;不在工作时间吃零食。上班伊始,毕业生应早来晚走,主动参加打扫办公室卫生、打开水、整理办公室的杂物等日常劳动,给领导和同事留下良好的第一印象。

2.了解职业,适应职业

求职成功、应聘上岗以后,要更细致、更深入地了解自己的职业岗位。如用人单位的规章制度、所在部门的规定、有关部门的职责、具体的岗位职责和道德要求、领导者的特点、同事间的人际关系、岗位的技术要领、材料工具的使用和保管等。此阶段对职业的了解,目的在于适应职业岗位。

适应职业,不仅是知识、技能的适应,更重要的是人际关系的适应。原来的角色是学生,生活在同学和老师之中;现在的角色是从业者,工作在同事和上级之间。角色不相同,人和人之间的关系有相当大的区别。

3.适应人际关系,营造和谐的人际氛围

要多做事,少议论。初入新环境,应把注意力集中于工作、生活的适应上,应多做少说,特别注意不要对上级领导及周围同事评头论足,不要随意加入某一人际关系派别,否则,无论是对工作的适应,还是人际关系的建立,都是不利的。只有脚踏实地、埋头苦干,与每一个人都尽可能地和谐相处,才能有利于良好人际关系的建立和发展。

怎样才能处理好人际关系?首先,刚到新单位,要用恰当的方式表现自己的才能,注意给领导一个良好的第一印象,以取得信任和支持;其次,要注意给领导提意见或建议的方式和方法。一般来说,刚走上工作岗位应少提意见,特别是不能以自己的"理想模式"来看待领导、看待周围的是是非非。如果确有好的建议,一定要考虑成熟,并在适当的时间,以适当的方式向领导提出。要注意与领导交往的适度,不要有事没事都去找领导。如果过多地与领导交往,易引起他人的误解、反感。再次,要处理好与同事的关系。与领导处理好关系是必要的,但如果只注意与领导接触,而忽视与同事之间的关系,就会损害人际关系的群众基础,对工作的开展造成不利影响。一般来说,在与同事相处时,要注意以诚相待,相互尊重和信任,不可自恃清高,要宽以待人、严以律己,出了问题主动承担责任。当同事有困难时,要主动关心,并及时伸出援助之手。当与同事发生矛盾时,最好当面解决,并吸取教训,防止类似矛盾的重现。在讨论工作时,不要把个人意愿强加于人。对组织作出的决定,应坚决服从。只有这样才能建立起良好的人际关系,才能为自己的实习和就业打开方便之门。

(二)适应企业文化

企业文化是一个组织由其价值观、信念、仪式、符号、处事方式等组成的、特有的文化形象。是与企业物质系统、行为系统、制度系统密切相关的企业意识形态。企业文化积淀形成于企业的内部,随着企业的发展,企业文化也会发展变化。企业文化既是企业实践的结果,又影响企业未来的实践。

良好的企业文化对一个企业有很大的促进作用,主要包括:一是导向作用,即对企业个体成员的思想行为起导向作用,引导他们面向祖国的美好未来,以整体和社会利益为重,以建设"四化"大业为重,勇于奉献;同时,引导企业树立大局观念,为国家的富强多做贡献。二是整合作用,通过对企业的价值观念、行为准则、管理风格、基本制度及精神风貌等评价活动,对企业发挥整合作用。三是优化作用,开展文化优化活动,逐渐消除机构运行障碍,为企业提供良好的发展空间。四是创新作用,企业文化设计不仅可以创新企业原有的文化,而且可以向企业注入新的文化理念。不久的将来,企业的竞争将主要是企业文化的竞争,产品的竞争也会深化为企业文化的竞争。

实习生进入企业,将面临如何把自己所学的知识应用到岗位上,以适应岗位的需要和如何适应企业的文化及管理环境两类问题。前一个问题,大部分学校都很重视,但对后一个问题,还没有引起学校和学生的足够重视。事实上,很多企业员工被企业淘汰,不是因为他们没有胜任职业岗位的知识和能力,而是由于缺乏适应企业文化管理的能力,无法在企业的环境里找准自己的位置,充分发挥自己的才干。

要使实习生能顺利地从学生角色转变为企业员工的角色,尽快地适应企业文化管理的环境,职业教育不仅要教会学生必要的专业基础知识和专业操作技能,还要培养学生适应社会、企业并在社会、企业中生存、发展的能力。为此,学生在校学习、生活的过程中应积极参与校园文化建设,要使校园文化接受企业文化的辐射,实现校园文化与企业文化的融合,积极参与并推动"产学结合"的教学模式。这种模式不仅能让学生接触到企业建设、管理、服务第一线的真实情况,还能接触到企业的文化氛围,获得对企业文化的感性认识。

实习生进入一个企业,应了解企业文化,尽快适应企业文化,在企业的培训中积极配合,充分了解企业的历程和现状以及未来的战略目标,帮助个人职业信心的建立。没有主动性,没有职业理想,没有对企业的文化和价值观的理解和认可,没有融入集体的意识,无异于将自己打造成了职业的"机器人",这种状态对自身职业的未来发展是极为不利的。只有充分融入团队,配合、支持团队,才能让自己在企业文化中起到积极作用,否则,将始终独立于企业整体文化氛围和文化倾向之外,遭到淘汰将是必然的。

以企业发展为重,这是实现企业和个人双赢的保证。个人只有明确自己的职业定位,才能做到在职位上创造效能。个人要把自己的职业生涯规划和企业提供的职业轨道结合起来,要以企业的发展为重,因为企业的发展是个人职业发展的基础。

超级链接:

国内知名企业文化举例

1.深圳康佳集团

企业精神:团结,开拓,求实,创新。

企业风气:爱国爱厂,团结协作,遵纪守法,好学上进。

管理思想:以人为中心。

企业目标:建设一流环境,练就一流技术,生产一流产品,提供一流服务。

宗旨:质量第一,信誉为本。

基本信念:尊重个人,顾客至上,追求卓越。

2.青岛海尔集团

海尔文化的核心:创新。

海尔文化分三个层次:物质文化,制度行为文化,精神文化。

海尔文化是海尔人的价值观,这个价值观的核心是创新。它在海尔的发展历程中产生和逐渐形成特有的文化体系。

海尔文化以观念创新的为先导、以战略创新为基础、以组织创新为保障、以技术创新为手段、以市场创新为目标,伴随着海尔从无到有、从小到大、从大到强,从中国走向世界,海尔文化本身也在不断创新、发展。员工的普遍认同、主动参与是海尔文化的最大特色。当前,海尔的目标是创中国的世界名牌,为民族争光。这个目标使海尔的发展与海尔员工个人的价值追求完美地结合在一起,每一位海尔员工将在实现海尔世界名牌大目标的过程中,充分实现个人的价值与追求。海尔文化不但得到国内专家和舆论的高度评价,还被美国哈佛大学等世界著名学府列入 MBA 案例库。

(三)爱岗敬业,岗位成才

1.立足岗位成才

中职生在企业只求站住脚跟、打开局面是远远不够的。要想继续生存下去,并使职业生涯得到发展(职位有所晋升),那就得引起上司的注意,用行动证明,你不仅融洽合群,而且出类拔萃。

(1)立足岗位、努力建功立业。实习生到一个新的单位,不能"这山望着那山高"处于"不稳定状态",因为用人单位不会重用、提拔随时有可能"跳槽"的人。这样的人也不会抓住机遇发展和提高自己。因此,实习生走上工作岗位后,必须从基层做起、从小事做起、从本职工作做起,许多公司赏识始终能将自己每件小事认认真真做好的人。只有将小事做好,才有可能为自己谋取到做"大事"的机会,才会有更大的发展。

近年来,立足岗位,艰苦创业,为国家作出突出贡献的中职生不胜枚举。青岛港桥吊队队长许振超、上海液压泵厂工段长李斌,他们虽然没有上过大学,但他们通过坚持不懈的自学,以苦为乐,艰苦奋斗,立足岗位,如今都成为了"令世界惊叹的中国专家型工人的旗帜"。

(2)爱岗敬业、抓住机会、赢得晋升。每个人走上社会后,都想成就一番事业。而

要想在事业上有所成就,最重要的靠什么呢?虚心学习、努力工作、不断创新,这些都是不可缺少的,但许多职业生涯成功人士的体验告诉我们,最重要的是要有一种敬业精神。敬业是我们做人、做事应具备的基本素质,也是我们学习、工作、创新乃至成功的原动力。中职生涉世之初,由于受实践经验、工作能力、业务水平所限,往往一时难以适应所从事的职业,但只要能够爱岗敬业,经过不懈努力,一定会胜任所担负的工作。

2.面向基层建功立业

面向基层建功立业,是当代青年人应有的志向和抱负。党和国家引导和鼓励中职生到基层、到生产一线工作,着眼于充分发挥中职生在现代化建设中的作用,同时生产一线也为中职毕业生提供了服务社会、报效祖国、发展才干的广阔舞台。

超级链接:

刚上岗,领导、同事对自己不够认同怎么办?

刚刚上岗,很多同学往往感到单位同事、领导对自己不够认同,对自己不够亲近,个别人还会故意为难新人,这是为什么?其实,在职场中,除了工作业绩优秀外,工作中的一些细节是否取得同事、上司的认同也很重要,下面的"招数"希望能对刚刚步入社会的你有所帮助。

招数一:衣着得体

衣着能表明你的气质、性格和欣赏水平。你或许很小资、时尚,你或许认为只有穿上那些怪异的服饰才个性,但不要忘了,现代职场的职业性所要求的着装是职业装。否则,只能让你的同事们窃窃私语和投来异样的目光。

作为女同学,衣服可以多一些,但不可娇艳,也不要"露"得太多。作为男同学,干干净净,整洁利索的西装和干干净净的衬衣,这样的衣着会令你洋溢着生命的活力,翩翩的气度,这比拥有秀气的面目更有魅力。

经验:浓妆艳抹的女同事给人的感觉比较轻浮;过于邋遢的男性不光女性看了难受,就是男性看了也不是滋味。

招数二:活泼开朗

职场是人生除家庭之外最重要的舞台,应该尽量的舒心些。过于压抑的烦琐工作往往会给人带来心理上的不适,你应该成为这种空气中的活跃分子。最有效的方法便是工作上的主动出击,热情袭人。你不妨在大家休息时给大家开个玩笑,调剂紧张的心情,让大家在笑声中对你产生情感上的认同。

招数三:说话悠着点

病从口入,祸从口出。同事之间的芥蒂多从说话间产生。你经常像在广播电台似的滔滔不绝地播报你的独家新闻,这使大家很新奇。但你不可信口开河,更不可牢骚满腹。尽管偶尔一些"推心置腹"的诉苦能多少构筑出一种"友谊"的假象,但喋喋不休的抱怨会让身边的人苦不堪言。就在你高谈阔论的时候,没准有人已经开始盘算如何打你的小报告了。

招数四:远离帮派

俗话说:做人"难得糊涂"。复杂的帮派争斗面前,还是糊涂些为妙。单位越大,人际关系也越复杂,人际间的复杂斗争是不利于事业发展的,所以你就尽量冷眼旁观,避免卷入不良的派系斗争中。距离产生美,这话实用。在同事面前谨言慎行,学会做个聆听者。

经验:比较小气和好奇心重的人,聚在一起难免东家长西家短,你最好远离这些人。

招数五:储蓄竞争

与同事的竞争是不可避免的,但不要为了达到某种目的而不择手段,应该珍惜与同事公平竞争的机会。谦让、豁达的人总能赢得更多的朋友,相反,妄自尊大的人最终会走到独立无助的地步。

与同事意见有分歧,最好不要争吵。因为一个有着良好素质的人,绝不会失去理智地一味争吵,而是以无可辩驳的事实及从容镇定的态度表明自己的观点。

经验:必须参与竞争就应学会虚虚实实的进退应对技巧。自己应如何出招,对方会如何应对,这可是比下围棋更具趣味的事情。

【思考题】

1.在学校学习期间,你的人际关系如何,这样的性格能适应职场的要求吗?

2.在实习上岗后,你将怎样来展现你的形象。

【拓展训练】

就业适应能力测试

中职生就业适应能力测试题共有 20 个题目,每个题后有 3 项可供选择的答案。请你仔细阅读后,选出符合你的实际情况的一项答案。

1.遇到难题时

(1)你毫不犹豫地向师傅征求意见

(2)经常向熟人请教

(3)很少麻烦别人

2.当你选择衣服时,你

(1)总是固定在一种款式上

(2)跟随新潮流,希望适合自己

(3)在选定以前,先听取陪同的朋友或售货员的意见

3.假如你的朋友突然带来一个你最不喜欢的人到你家里,你会:

(1)表示惊奇

(2)把你的感觉完全隐藏着

(3)暂时忍耐,以后再把实情告诉你的朋友

4.你骑车去一个较远的地方参加社交活动,路途找不到路标,你

(1)赶快查看自带的地图

(2)大声埋怨,不知何时才能到达目的地

(3)耐心等待过路车,向车里的人问个清楚

5.对自己的某次失败,你

(1)只要别人有兴趣随时都会告诉他

(2)只在谈话时顺便说出来

(3)绝不说,怕会被别人抓住弱点,对自己不利

6.当你知道将有不愉快的事发生时,你会

(1)自己进入紧张状态

(2)相信事实并不会如预料的厉害

(3)感觉完全有办法应付

7.每次参加正式的考试或竞争,你

(1)比平时的成绩更好些

(2)不如平时的成绩

(3)和平时的成绩差不多

8.和别人争吵起来时,你

(1)能有力地反驳对方

(2)常常语无伦次,最后才想起如何反驳对方,可是已经晚了

(3)能反驳,但无多大力量

9.在嘈杂、混乱的环境里,你

(1)总觉得很烦、不能静下心来读书

(2)仍能集中精力学习,但效率降低了

(3)不受影响、照常学习

10.必须在大庭广众面前讲话时,你

(1)因怯场,便不知所措或说话结结巴巴

(2)感觉虽然难,但还是想方设法完成

(3)侃侃而谈

11.碰到阻力或困难时,你

(1)经常改变既定的主意

(2)不改变既定的主意

(3)越干越有干劲

12.受到别人的批评时,你

(1)想找机会反过来批评他

(2)想查明受批评的理由

(3)想直接听一下批评的理由

13.当情况紧迫时,你

(1)仍然注意到应该注意的细节

(2)就粗心大意,丢三落四

(3)就慌慌张张

14.参加各种比赛时,赛场越激烈,群众越加油

(1)你的成绩越好

(2)你的成绩越上不去

(3)你的成绩不受影响

15.对团体或社会性的集会,你

(1)总是想领导讨论

(2)只有在知道讨论的题目时才参加

(3)讨厌在集会上说话,所以不参加

16.你符合下面哪一种情况

(1)不安于现状,总想改变点什么

(2)凡事只求"规范",不办破格的事

(3)礼貌要讲,但事也要办

17.你不同意下列哪一种观点

(1)为了深入地了解自己的国家,学习外国的东西是件好事

(2)外国的事与我们没有任何关系

(3)学习外国的东西比学习本国的东西更有兴趣

18.假如自己被登报时,你

(1)有点自豪,但不以为然

(2)很高兴,想让朋友也看看

(3)完全不感兴趣

19.为了给人留下好印象,你

(1)想方设法,并花一定时间考虑计划

(2)不特意去做,只是有机会就利用

(3)根本不想在别人面前做这种事

20.你赞成下面哪一种说法

(1)只要是正确的,就坚持,不怕打击,敢于孤立

(2)在矛盾方面让一让,就过去了

(3)尽量求和平,把批评和斗争降到不得已的程度

说明:

态度越积极,就表现你的就业适应能力越强,选择第一题选项为3分,选择第二选项为2分,选择第三题为1分。如果你的得分为40~50分,就表明你的适应能力很不错;得分为20~40分,就说明你的适应能力尚可;得分20分以下,则说明你的适应能力还需要大力加强,就要分析反省一下自己,问题出在哪方面,然后有意识地加强这方面的锻炼,以增强自己的就业适应能力。

第三篇

就业——展示中职生价值的舞台

【引言】随着国家对职业教育的重视，以培养一线蓝领为目标的中职学校悄然火暴，不管是招生还是就业都得到社会各界的热捧。如今，在教育界内部流传着这样一句话：本科生就业不如高职生，高职生就业不如中职生。中职生近几年来一直是就业市场上的"香馍馍"，如何更好保障他们的就业质量，让所有中职毕业生能就业，就好业，本篇从中职生"就业特点，就业形势，就业岗位""就业准备""树立正确就业意识""就业签约""如何做一名优秀员工"等方面进行讲解。让学生从深层次了解当今的就业形势，从而端正就业心态，明确就业方向，找到适合自我的职业岗位。

第一单元 就业概述

【引例】

细节决定成败！把你的细节亮起来！

去年下半年，本地一所中职学校的几个外贸专业毕业生来到一家大型外贸公司实习。实习结束时，请示总经理后，人事部经理把一个叫王明辉的同学留了下来。人事部经理为什么独独把他留下来呢？原来，这个小伙子几个特别的细节之处打动了人事部经理的心。

正式实习的那一天，人事部经理向同学们介绍部门的成员和同学们的分工。其中老陈是公司的老业务员，年龄偏大。其他同学都跟着员工喊他"老陈"，而小王一直很尊敬地称他"陈老师"。还有小王不像其他同学那样显得无所事事，他主动见事做事，跟着同事跑银行和商检交单，到海关报验，即使在大热天乘公共汽车去也毫无怨言。他说："我多跑一个地方，哪怕只是一个简单的交接单的过程，也会让我熟悉这个工作的环节。出了差错，请示老师后，现场改正也是一种学习的机会。"

有好几次，老陈接国际长途，小王就默默地坐在一边"旁听"，细心地揣摩他如何同外商交谈。有时则悄悄地给老陈递一支笔，或续上水，或记录一些数据。这些细小之处，既给老陈带来了工作上的便利，也表现出新人对"前辈"的尊重，人事部经理他们看在眼里，都对他产生了好感。

小王刚一毕业，人事部就为他办好了上岗手续，从而使他顺利地完成了实习——毕业——求职的"三级跳"

【点评】这就是细节的魅力。一位管理学大师说过，现在的竞争，就是细节的竞争。细节影响品质，细节体现品位，细节显示差异，细节决定成败。在这个讲求精细化的时代，细节往往能反映你的专业水准，突出你内在的素质。灿烂星河是因无数星星汇聚，伟业丰功也是由琐事小事积累，让我们不吝从小事做起，把小事做精，把细节做亮！

【想一想】对即将走向岗位的中职生们，你了解当前的就业形势吗？你勾画好了自己的职业蓝图吗？你为自己就业做好了准备吗？机遇属于那些有准备的人，愿同学们在激烈的职业舞台上，早做准备，充分挖掘自我潜能，把细节亮起来！

一、就业的概念

就业就是适龄人员依法从事的为获取报酬或经营收入所进行的连续性劳动。我国具有劳动能力的公民在法定的劳动年龄之内依法从事某种有报酬的社会职业,均是就业。就业是劳动者生存和发展的根本,也是劳动者的基本权利。

可以从以下几个方面对就业进行理解:

第一,就业条件。一是年龄条件,最小也得年满16周岁;二是身体条件,要求劳动者具有相应劳动能力,身体健康无重大疾病;三是从业条件,即要求劳动者有一定的技能,一些具体职业还需要相应职业资格,需要持证上岗。

第二,收入条件。指获取一定的劳动报酬或经营收入。各个城市均对从业人员有最低生活保障或设定相应的收入标准。根据劳动者付出多少及回报,我国对从业人员的收入分高、中、低几等,大多数认同年收入在12万及以上者为高收入者,而根据具体地区而言,对月收入3 000~8 000的群体都可界定为中等收入者。

第三,时间条件。劳动者从事职业应该是相对连续稳定的,有固定的休假和休息时间。

中职生作为特殊的就业群体,就业有其自身特点:

(1)年龄结构相对偏小:中职生初次就业平均年龄在17.5~19岁。

(2)进入密集型企业比例较大:中职生就业岗位仍以劳动密集型工矿企业或服务业为主。

(3)技术含金量不高:现有中职生所从事的职业虽有一定技能要求,但随职业分工越来越细,其岗位技术含金量并不高。

(4)更换岗位频率快:一般学生从初次就业到跳槽,最好的也就坚持3~5年,多的在一年时间换了3~4个岗位。

(5)自主就业机会多:生活在现在的中职生,就业的机会比较多,他们自我就业意识强,自主择业、自谋职业的群体在逐年上升。有时学校即便推荐很好的职业,他们还是认为自己选择的职业好。

超级链接:

在我国,就业人口是指在16周岁以上,从事一定社会劳动并获取劳动报酬或经营收入的人员,其中,城镇就业人口是指在城镇地区从事非农业活动的就业人口。包括在国有单位、城镇集体单位、股份合作单位、联营单位、有限责任公司、股份有限公司、私营企业、港澳台投资单位、外商投资单位和个体工商户从业的人员。

二、中职生面临的就业形势和现状

(一)技术工人紧缺是当前社会、所有企业面临的大课题

根据中华人民共和国人事部网讯:当前,北京、上海、广州等全国经济发达城市专业技术人员非常缺乏。其中,建筑工程、计算机与应用、文化教育、裁剪缝纫、纺织针织印染、装饰装修、营业人员、餐厅服务人员、饭店服务人员等需求大,尤其是其中的高级工、技师和高级技师缺口非常大。

它山之石:

(1)北京年均需补充中职人才 8.7 万人左右

据北京青年报报道:首都社会经济发展研究所课题组专家根据国际通行的经济增长与拉动就业弹性系数的关系,对未来几年北京市人才需求状况进行了科学预测:2008 年从业人员中,大专及以上文化程度的比例将达到 25%,增长近 40 万人。据此推算,2008 年新增从业人员中大专及以上文化程度的比例将达到 31%。考虑到目前新增从业人员中仍有部分高中或初中毕业生,但数量逐年减少,因此,2008 年前新增从业人员中的中职人才比例大致为 40%,即 52 万人。北京在率先基本实现现代化的建设过程中,年均需补充中职人才 8.7 万人左右。但是北京目前每年毕业的本土中职生约 8 万人,其中还有 10% 到 20% 参加继续教育。北京中职人才数量已经远不能满足首都经济发展需要。

(2)月薪 3 500 元的薪酬,招不到一名理想的中级技术工人

这是一家手机模具公司的副总熊先生在深圳面对的问题。中高级技工紧缺在广东成为普遍现象。2008 年深圳市 90 多万技工中,技师和高级技师只有 14 000 多人,而中级以上的技工只有 22 万人。高、中、初级技术工人离发达国家 35%、50%、15% 的比例相去甚远。

(3)用工单位:招个技术工人真难

重庆市某集团公司人事部的工作人员小任告诉笔者,为应对"技工荒",集团一方面提高了工资待遇,另一方面又放宽了招工条件,虽然如此,技术工人的岗位仍有不小的缺口。比如企业以每月 2 000 元以上的高薪聘请电

焊工,可是节后招聘进行至今,电焊工的岗位仍有很多空缺。

胡女士是重庆市渝北区一家机械厂的人事部负责人,从 2009 年 9 月起即到当地职业学校招焊接工,但直到 2010 年 1 月 23 日职业学校放假,需要扩招 20 多名焊接工人,仅落实 3 个。她为此十分犯愁。虽然厂方已把工资待遇等条件提得很高,厂里条件也不错,但就是找不到理想技工。

2009 年,重庆市劳动力市场信息表明,相对普通工人的招聘来说,各类技工招聘的难度更大,那些机械类的企业对铸造、车工、铣工、刨工、磨工等技术工人求贤若渴,特别是有经验的专业人才更是难以找到。

(二)当前全国就业形势依然严峻

劳动和社会保障部部长田成平于 2008 年 3 月 9 日在北京说,当前就业形势仍然十分严峻,主要是因为新增劳动力城乡加起来每年超过 2 000 万人。新增劳动力的数量庞大,这将会持续很长一个时期。

另一方面当前大学生就业形势出现供需差:岗位增 36%,学生增 130%。毕业生供需矛盾突出是近年来社会公认的大学生就业难的一个直接原因。

再有,我国每年都有 1 000 多万新增劳动力进入劳动力市场,劳动力供给旺盛。同时,由于多种因素的制约,国有企业、三资企业和乡镇企业提供的就业岗位明显减少。随着全球性的金融危机,越来越多的企业开始受到冲击。为了控制成本,企业最常用、最优先考虑的方法就是裁员,不少企业取消了校园招聘计划,使得本来就形势严峻的学生就业机会减少,就业更是雪上加霜。

全球金融危机来势汹汹地袭向了即将走入社会的大、中专毕业生,企业人才需求下降,就业形势更加严峻。据教育部统计,2009 年高校毕业生规模达到 611 万人,比 2008 年增加 52 万人;加上近几年剩余的未就业大学生人数,2009 年大约有 1 000 万大学生要就业和再就业,但就业市场却是有减无增。

一方面技工紧缺,一方面就业形势严峻,如何调和供需矛盾,需要全社会共同努力,这种格局给广大中职毕业生提供了机遇。

(三)大学生当前的就业形势相当严峻,中职生的就业前景乐观。

近年来许多中职学校的毕业生就业率连年保持在 96% 以上,近八成毕业生对自身的职业发展前景表示乐观;而大学生"就业率"也就 80% 左右,这样一份就业情况

表并非来自某知名高校,而由不同学校的中职学生共同写就。

原因很简单,大学生的就业观念没有得到根本的转变,就业期望值较高,对单位选择过高,"学而优则仕"非要去当官,看重国家机关、大单位、品牌企业等,对一些小企业不感兴趣,致使高不成低不就。而中职生能够正确地认识自我,评价自我。在校期间的学习和实习让他们明白了哪里是自己的用武之地。

用人单位更看重了中职生的吃苦耐劳和扎实的专业技能。而正如预期,2009年中职毕业生虽受金融危机影响,但仍出现供不应求局面。很多企业到职业学校招工,虽给出诱人待遇,但大多无功而返。

中职学校"订单式"和"校企结合""工学结合"的培养模式也是中职生就业前景呈乐观的原因之一。随着各校就业网络的日趋完善,更给中职生提供了广泛的就业机会,为他们就业打下了坚实的基础。

作为一名中职生,你可以满怀信心地说,我们中职生就业前景是非常乐观的。我们完全可以和他们高文凭的大学生来竞争同一个工作岗位。

但我们也应该意识到,中职生因为文化基础相对较差,大多数是90后,人生观和就业观尚处于成型期,就业的综合素质有待提高。

超级链接:

2009年重庆市有16.5万名中等职业学校毕业生,毕业生就业率超过了97%,月收入平均在1 200元以上。很多中职学校加强了和行业企业的供需衔接,建立了就业安置对接机制和服务网络,在就业方面发挥了积极的作用。这当中还有不少同学选择了自主创业,这与中职学校加强职业生涯教育和职业指导,突出对学生创业精神、创业意识和创业实践能力的培养,建立中等职业学校毕业生创业园区,出台一系列政策和扶持措施等密切相关,中职毕业生自主创业,劳动致富的典型也不少。

资料来源:重庆人力资源网

三、中职生就业岗位及需求

(一)我国职业分类

我国的职业分类结构包括四个层次,即大类、中类、小类、和细类,依次体现由大到小的职业类别。细类作为我国职业分类结构中最基本类别,即职业。《中华人民共和国职业分类大典》将我国社会职业归为8个大类,66个中类,413个小类,1 838个职业。而从产业分类可分为第一产业、第二产业、第三产业。八个大类分别是:

第一大类：国家机关、党群组织、企业、事业单位负责人；

第二大类：专业技术人员；

第三大类：办事人员和有关人员；

第四大类：商业、服务业人员；

第五大类：农、林、牧、渔、水利业生产人员；

第六大类：生产、运输设备操作人员及有关人员；

第七大类：军人；

第八大类：不便分类的其他从业人员。

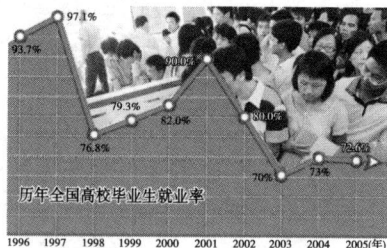
历年全国高校毕业生就业率

（二）中职生职业岗位分布

职业学校根据具体专业设置来看，中职生职业的分布主要在二、三产业。

第一、技术型与技能型职业占主导。占职业总量60%以上的职业。主要为工业企业、建筑业；

第二、第三产业职业比重逐渐上升，约占35%。主要有旅游业、服务业、商业、金融、保险业、物业及其他公共需要的服务部门职业；

第三、虽然中职学校普遍开设有计算机应用及相关专业，但真正从事高新技术型职业过少。现有职业结构中，属于高新技术型的职业数量不足实际职业总量的3%，这一行业就业比例亟待提高。

结合中职学校专业特点，职业中学学生可从事的具体职业有以下十余类。其中(1)~(5)类主要为二产业职业，(6)~(13)类为第三产业职业，以上职业就业岗位中职生占据相当比例。

(1)纺织业——纺织工人、纺织技术人员

(2)缝纫业——服装加工工人、服装设计人员、工艺美术设计人员

(3)机械工业——金属切削加工工人、金属热处理工人、机械制造工程技术人员、汽车制造维修人员

(4)电子工业——电子设备制造工人、电工、电气自动化设计人员、电器仪表工人、电讯业务员

(5)建筑业——建筑工人、电器安装工人

(6)商业、物资供销业——零售商业经营人员、商业经营管理人员、售货员、商业采购员、商业供销员、外贸工作人员

(7)饮食业——厨师和炊事员、宾馆服务员、酒店服务员、客房服务员

(8)公用事业——公交服务员、公共场所服务人员、园林绿化工作者

(9)居民服务业——理发师、美容员、导游员、旅馆服务员、家用电器维修服务人员

(10)财政、金融和保险业——信贷工作人员、税收专管人员、会计、审计、统计人

员、保险公司工作人员

(11)医疗卫生事业——护士、药剂师

(12)综合技术服务事业——科技情报人员、电子计算服务中心人员、广告设计人员、网络维护员

(13)国家行政机关、事业单位——打字员、秘书、办公人员。

(三)国家规定持职业资格证书就业的工种(职业)有87个

1.生产、运输设备操作人员

车工、铣工、磨工、镗工、组合机床操作工、加工中心操作工、铸造工、锻造工、焊工、金属热处理工、冷作钣金工、涂装工、装配钳工、工具钳工、机修钳工、汽车修理工、摩托车维修工、仪表修理工、电机装配工、高低压电器装配工、电工仪器仪表装配工、电子仪器仪表装配工、锅炉设备安装工、维修电工、电子计算机维修工、手工木工、精细木工、贵金属首饰手工制作工、土石方机械操作工、砌筑工、混凝土工、钢筋工、架子工、防水工、装饰装修工、电气设备安装工、管工、汽车驾驶员、起重装卸机械操作工、音响调音员、纺织纤维检验工、贵金属首饰钻石宝玉石检验员、化学检验工、防腐蚀工。

2.农林牧渔水利业生产人员

动物疫病防治员、动物检疫检验员、沼气生产工。

3.商业、服务业人员

商品营业员、推销员、出版物发行员、中药购销员、鉴定估价师、医药商品购销员、中药调剂员、冷藏工、中式烹调师、中式面点师、西式烹调师、西式面点师、调酒师、营养配餐员、餐厅服务员、前厅服务员、客房服务员、保健按摩师、职业指导员、物业管理员、锅炉操作工、美容师、美发师、摄影师、眼镜验光员、眼镜定配工、家用电子产品维修工、家用电器产品维修工、照相器材维修工、钟表维修工、办公设备维修工、保育员、家政服务员、养老护理员。

4.办事人员和有关人员

秘书、公关员、计算机操作员、制图员、话务员、用户通信终端维护员。

【拓展阅读】

国家现有17类特种作业人员:

(1)电工作业

含发电、送电、变电、配电工,电气设备的安装、运行、检修(维修)、试验工,矿山井下电钳工;

(2)金属焊接、切割作业

含焊接工、切割工;

(3)起重机械作业

含起重机司机、司索工、信号指挥工、安装与维修工;

(4)企业内机动车辆驾驶

含在企业内及码头、货场等生产作业区域和施工现场行驶的各类机动车辆的驾驶人员;

(5)登高架设作业

含2米以上登高架设、拆除维修工、高层建(构)筑物表面清洗工;

(6)锅炉作业(含水质化验)

含承压锅炉的操作工,锅炉水质化验工;

(7)压力容器作业

含压力容器罐装工、检验工、运输押运工、大型空气压缩机操作工;

(8)制冷作业

含制冷设备安装工、操作工、维修工;

(9)爆破作业

含地面工程爆破、井下爆破工;

(10)矿山通风作业

含主扇机操作工、瓦斯抽放工、通风安全监测工、测风测尘工;

(11)矿山排水作业

含矿井主排水泵工、尾矿坝作业工;

(12)矿山安全检查作业

含安全检查工、瓦斯检验工、电气设备防爆检查工;

(13)矿山提升运输作业

含主提升机操作工、(上、下山)绞车操作工、固定胶带输送机操作工、信号工、拥罐(把勾)工;

(14)采掘(剥)作业

(15)矿山救护作业

(16)危险物品作业

(17)国家安全生产监督局批准的其他作业

【思考题】

1.为什么说当前中职生比大学生就业更乐观?

2.中职生应该从哪些方面提高自己素质?

【交流与讨论】

(1)你所学专业是＿＿＿＿＿＿＿＿＿＿,和社会上哪些具体职业相对应?

(2)你想从事职业是＿＿＿＿＿＿＿＿＿;查一下,你想从事的职业,有什么具体职业要求?

中职模特比赛部分二等奖获得者留影

第二单元　就业准备

【引例】

面试时说错减分的一句话

我叫刘丽，现在重庆机场从事票务工作，整体感觉还不错，但回想最初面试经历，我想对所有才毕业的学子们说说我的面试经历。我是学航空旅游专业的，成绩一直不错，还是校学生会干部，多次评为校"三好学生""优秀学生干部"，老师都说我不考大学太可惜了。这些经历让我的履历表比其他同学显得更有分量，因此，刚开始找工作时，我自信能找到月薪上 2 000 元的工作。

可一旦投身在滚滚的就业大潮中，我立即意识到，自己的想法太天真了。那么多名牌大学的优秀大学生为了一个小小的职位抢破了头，作为一名中专生，拿什么和人家竞争？再有，来学校招聘的多家单位给出的待遇均远远低于预期。自己找吧，随即寄出了多封求职信和打了 N 个电话，终于有一家公司答应面试我。

这让我既高兴又紧张，因为我从来没有面试的经验。我在网上泡了好几个晚上，啃《择业指导》《面试宝典》之类的书，看得头昏脑涨，满脑子都是该如何应对主考官的刁难问题，感觉自己像一只可怜巴巴的小羊，拼命躲着猎人的圈套。

真正面试的那一天终于来到了。我走进会场后才发觉，与我一同面试的其他五个人都是男生。考场是一个很小的会议室，中间是一张圆桌。考官坐在圆桌一头，我们几个人坐在另外一头。"还好，不是'三堂会审'。"我庆幸不已，心想，这样的考场气氛应该还算融洽吧。

服务员拿来六杯水，其他几个男生直接拿起自己面前的水杯就开始喝。我一转念，不对啊，几个考官都还没有水喝呢，我们怎么可以抢先呢？于是很有礼貌地把杯子递给离我最近的一个考官。

"还是女孩子心细啊。"坐在中间的一位考官说，另几个正在喝水的男生立刻窘住了，面面相觑。我暗暗自得，不忘对考官们露出谦逊的微笑。

几位考官介绍了公司方面的具体情况，也聊了聊我们的专业和对公司的想法。由于刚才的"喝水事件"，另外几个男生都比较拘谨，反倒是我和考官们谈笑自如。这时，坐在正中央的主考官突然问了我一个意想不到的问题："你的简历上写着会跳舞，你会跳哪种舞呢？"我立刻懵了，小时候我的确学过一点舞蹈，后来就没再进行过舞蹈训练。要是说实话，多丢面子啊。于是我就扯个谎说会跳新疆舞，说完之后就觉得脸有些发热。谁知考官要求我随便摆个姿势看看。我窘极了,从头到脚都无所适从,忐忑地低着头想了好一会,只好站起来原地转了个圈。

好不容易面试结束,考官们走出会议室讨论了一下,把我叫了出去。"根据你的性格特点,我们想把你安排在外事部门,不过你的外语口语怕要好好补一下。"听到这句话,我愣住了:"你们不是不要求外语吗?"后半句被我吞进了肚子,我的感觉越来越不妙。要知道我当初要是外语好点,恐怕就不读职业学校了,我轻轻咬着下唇说:"要不,我跟爸爸妈妈商量一下。"

主考官也突然愣了一下,我马上意识到,自己似乎说错了什么。"好吧。"他微笑着说,"不过要记得,以后你参加面试的时候,不要说'和爸爸妈妈商量'的话,因为这样会显得你没有主见,明白吗?"我抬头看了看他的眼睛,他眼里满是真诚,我意识到,我错失这个机会了。

这次面试给了我许多经验。尽管简历中我把自己描述得很优秀,可面试时我没有真正把这些特长发挥出来;我将专业对口看得很重要,其实用人单位在人才的安排上是很灵活的;此外,我不够果断也是失败的原因之一。没有哪个公司需要没有主见的应聘者。还有,就是外语和其他方面的素质也不是生来就会的,关键要有学习的心态。

【点评】面试就像是一场游戏,面试者总希望能够了解到应聘者更多的信息,而被试者一方面要展示自己的优势,另一方面又要尽量掩饰自己的弱点。面试其实不是游戏,而是一个深入交流的过程,考官们是将你作为一个即将进入公司的人才来进行考察的,当然想更多地了解你,但这种了解并不是所谓的无理刁难,而是真诚的沟通与交流。作为应试者,在这一过程中我们要做好充分的准备,把自己最美好的一面展示给对方,也不要忘记,与考官坦诚相对。一味地掩饰与犹豫,只会给自己"减分",让原本可以顺利的就业之路变得不那么顺利了,随着自己的心中所愿勇敢地走下去,明天才真的是一片美好和灿烂。

【想一想】职场如战场,对初涉职场的中职生朋友而言,怎样保持良好的求职心态?真正在面试中展示自我特长,找到自我专业与职业最佳结合,取得求职开门红,是每个学子值得深思的话题。

一、就业心理准备

(一)了解自己的职业趋向

中职生能找到自己的兴趣和能力是选择职业的重要一步,"磨刀不误砍柴工",通过了解自我,会在选择职业时事半功倍。怎样才能做到了解自己呢?借助他人的评价可以了解自己,也可以借助于专业的职业性格测试来了解自己(见本章拓展训练部分)。这里所说的了解自己,主要是:了解自己的人格类型、兴趣爱好、职业能力、适合领域和适合职业等,这就是认识自我,也是求职的基础,如果一个人连自己的性格、兴趣爱好、职业能力等都不能了解,你所找到的工作就是盲目的、也是不能全力以赴去从事的工作。

通常来讲,同学可以对照以下问题来了解自我:

1.认识自我

(1)我基本情况怎样? 我优缺点是什么?

(2)我的职业理想是什么?

(3)我的气质和性格是什么?

(4)我具备了怎样的职业素养?

(5)我的兴趣、爱好是什么?

(6)我适合做什么工作?

2.认识自己的职业能力

(1)我所学专业主要课程有哪些?

(2)通过这些专业课程的学习我会做些什么?

(3)我掌握了什么样的技能?

(4)我获得了什么专业资格证书?

(5)我学的专业和社会上哪些职业是相对应的?

(6)所学专业的最大竞争优势是什么?

(二)调整就业心态

改革开放以来,传统的就业心理受到冲击,"端铁饭碗,拿铁工资,坐铁交椅"已变得不太可能,人们都面临着就业、失业、再就业的问题,因此具有健康成熟的就业心理,保持奋发向上的心态,克服浮躁情绪,避免速成心理,养成务实作风是中职生应该倡导的心态。切莫"大事做不了,小事不想做","自己不努力,事事怨他人",瞻前顾后,互相攀比,心存侥幸,坐失良机。为此,建议中职毕业生要进行职前"心理充电",做好心理调试。"心理充电"最大的好处是能让毕业生尽早了解自己,找工作时能沉稳应对,使自己明白在当前就业严峻的形势下,想轻而易举地找到满意的工作是不现实的,必须有良好的心态,有"好事多磨"的耐心,有不等不靠不抱怨的思想,以积极的态度投入到市场经济的大潮中去,在竞争中磨砺,在奋斗中成熟。

(三)克服就业中常见的心理误区

一是求"闲"心理。90后的中职生绝大多数是独生子女,虽独立意识强,但劳动能力差。很多同学都想选择工作轻松点的,没有加班或加班时间不长的,不思进取,怕苦怕累,结果是错失很多求职机遇。

二是求"薪"心理。有的同学不顾自己实际,给自己定的月薪是低了 1 000 元不去! 很多同学面试时常问的一句话就是"包不包吃住?""收入多高?"。要么干脆不去,连面试也不参加;要么勉强去了也不安心,不认真干,导致很快被用人单位解聘。

三是求"面"心理。这里"面"指的是体面。学生择业时过分考虑职业的社会地位,把目光放在社会评价较高的单位。有的学生一听说是什么统计局、审计局、交通局、银行、政府机关、事业单位则趋之若鹜,一听说是某个小企业、小单位、个体老板则"门前冷落"。

四是求"众"心理。学生在择业洪流中,期望水平会受到其他择业者期望水平的影响,虚荣心、侥幸心理会使他们改变原有的自我期望而采取不切合实际的从众行为。他们常说的一句话就是:"他们愿意去,我就愿意去!"

五是求"近"心理。随内地经济的迅猛发展,很多同学在内地找到了不错的工作,有的同学进了当地知名企业,并且内地收入比沿海企业低不了多少。这就促成很多同学求职时,非当地企业不去的择业误区。

六是理想主义。也有些同学过高的估计自己的能力,总认为好工作会有的。对社会就业形势,就业竞争激烈没有充分的认识,一味凭自己的兴趣、爱好择业。忘记了"先就业,后择业,先立足,后发展"的就业方针,最后是理想和现实差距越来越大。

它山之石:

面试时紧张心理调适技巧

(1)深呼吸放松法。在一间安静的房子里以最舒服的方式坐着。用鼻子呼吸:先以缓慢且均匀的速度把气慢慢呼出来,越慢越好,越深越好。同时在心中默念:"放松……放松"或者"默默数数 1,2,…"呼气全部呼出后,稍稍憋几秒钟。然后吸气。吸气同理。如此呼吸 10 次,停下来,体验自己的感觉。

提示:坚持练习,直到一想到"深呼吸放松"这个概念就能立刻做到并感觉放松为止。每天早中晚各做几次深呼吸,不仅有助于预防过度焦虑的发生,而且也会使我们一天都精力充沛。

(2)视觉放松法。即是用画面创造松弛的心境。其具体步骤是闭上双眼,在脑海中想象一个使你真正感觉放松、恬静、愉快的姿势,描绘出一幅舒适的图画——漫步在茂密的丛林中,鸟儿在枝头唱着婉转的歌儿,溪水在身边潺潺地流动,清爽的微风轻轻抚过你的面颊,想象自己完全融合于大自然中,让自己体会那些情景、声音、气味、感觉和意境,就能使自己的紧张慢慢得以松弛。

(3)握拳放松法。这种方法也简单易学,它可以起到转移注意而缓解压力和紧张感的作用。具体做法是,双眼微闭,双手自然下垂或者自然放在身后,十指用力向外慢慢最大化张开,略作停顿,然后慢慢用力收指紧握拳,再松开——握紧——松开。反复练习多次,即可放松。同学们不妨试试,体验一下效果。以上方法可根据实际情况交替进行。

二、就业资料准备

(一)毕业生推荐表的填写

毕业生推荐表是指学校发给毕业生填写的并附有学校书面意见的推荐表。毕业生推荐表的栏目因各个学校侧重不同而有所区别,随着毕业生就业工作改革的深入及"双向选择"的日趋成熟,每年毕业生推荐表中的栏目也有所改进,但一般包括个人基本资料、学历、获奖情况、担任社会工作、个人兴趣特长及自我评价等。

(二)简历的撰写(求职登记表)

简历主要是针对想应聘的工作,将相关经验、业绩、能力、性格简要地列举出来。简历是你与招聘单位的第一次沟通,招聘单位的目的是想通过简历大概了解你,而你的目的则是让对方认识和接纳你。这是我们在求职过程中要闯过的第一道难关。

简历并没有固定的格式,一般包括个人基本资料、专业情况、社会工作及课外活动、兴趣爱好等。其主要内容和要求大体如下:

(1)个人基本资料。主要指姓名、性别、出生年月、家庭住址等。

(2)专业情况。用人单位主要通过专业情况来了解应聘者的专业能力。

(3)顶岗实习情况。顶岗实习提供了学生理论联系实际的机会,增加了阅历,积累了工作经验,应尽可能写得详细,并可强调收获。

(4)社会活动和课外活动及获奖情况等。

(5)特长和爱好。特长是在某个领域或技术方面,有着独特的见解和解决手段,一般别人很难达到的;爱好不代表一定具有专业性,可以是随便的,娱乐或消遣等。如果你通过了什么专业等级鉴定等,应一一罗列出来。

(6)最后,联系地址、电话、邮政编码千万不要忘记写,以免用人单位因联系不到你,而失去选择的机会。

一份个人简历撰写出来以后,应该再认真检查一下,看它是否符合这样几个特

点和要求：

(1)积极表现出自己的优点、专业特长；

(2)由于它是目录形式,必须简洁有序；

(3)表述力求突出个性、避免平庸；

(4)用词妥当,言辞诚恳,自信而不自大,适当自谦；

(5)最好控制在一张 A4 纸内,版面清秀,纸张干净,无错别字。

超级链接：

几种常见简历模板

简历模板 1

『个人概述』			相片
姓名：	性别：	手机号码：	
民族：	出生年月：	QQ：	
政治面貌：	健康状况：	毕业时间：　　年　　月	
学历：	籍贯：	身高：	
E-mail：		所学专业	
通信地址：			

『求职意向』

『教育背景』

『个人技能』

『奖惩情况』

『社会实践』

『自我评价』

简历模板 2

应聘职位:

姓名		性别		相
政治面貌		籍贯		
出生年月		身高		
计算机能力		体重		
专业		学历		
毕业学校		毕业日期		片
待遇要求		住宿要求		
联系电话		E mail		
户口所在地				
现在住址				
资格证书	(职业资格证书或技能等级证书)			
专长、爱好				
获奖情况				
自我评价				

(三)求职信的撰写

求职信是求职者向招聘单位或单位领导人介绍自己的实际才能、表达自己就业愿望的一种书信。是自我推销过程中最常采用也是最重要的一种方式与途径。

写求职信的目的是展现你符合该公司的条件,让看信人愿意接下去看你的履历。让招聘单位知道你非常想,而且有能力来担任这个工作岗位。好的求职信可以拉近你与招聘单位负责人之间的距离,获得更多的面试机会。所以求职信主要的作用在于引起招聘人员的兴趣,而不是马上获得一份工作。

1.求职信的内容

求职信的内容一般包括:标题、称呼、问候语、正文、祝词、落款(署名、日期、联系地址、电话)等几个部分。

2.求职信的格式

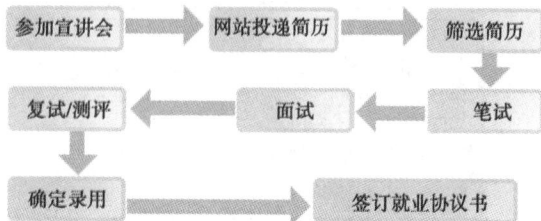

参加宣讲会 → 网站投递简历 → 筛选简历

复试/测评 ← 面试 ← 笔试

确定录用 → 签订就业协议书

求职信属于书信的范畴,所以格式应当符合书信的基本要求。

(1)标题:一般写上"求职信"即可。

(2)称呼:写在第一行,顶格书写,之后用冒号。求职信的称呼往往比一般书信的称呼要正规一些,如果写给国家机关、事业单位的人事领导,一般用"尊敬的××司长(处长、负责人等)"称呼;如果对公司、企业老板,则用"尊敬的××董事长(或总经理)先生"。

(3)问候语:在称呼后另起一行,写上问候语"您好!"。

(4)正文:这是求职信的中心部分,一般要说明求职信息来源、应聘岗位(含胜任岗位工作的各种能力)、本人的基本情况(姓名、性别、年龄、学历、政治面貌、职务职称、专长、特点)、社会实践情况、获奖情况以及被录用后的态度等。

(5)结尾:先写明希望对方给予答复,并希望能有机会参加面试,然后写上简短的表示敬意、祝愿之类的祝词。

(6)落款:写上署名、日期、联系地址、电话等。一般要写在右下方。

寄求职信时一般都同时寄一些有效证件,如学历证明、获奖证书复印件、技能等级证书复印件、简历、照片等。这样可以给对方留下一个有条理、负责任、办事周到的好印象。

3.写求职信易犯错误

(1)称呼的后面要用冒号而不要用逗号,写称呼时要用正式的语气。

(2)要用具体的称呼(例如不要写"给有关负责人")。设法知道谁将收到你的信。

(3)每段之间必须空一行,没有必要首行缩进。

(4)结尾时应在姓名上方写上祝福的话,然后下面是印刷体的全名。在你的求职信中,名字与结尾之间一定要保留足够的空间。

超级链接:

范文1

尊敬的××公司经理:

你好!首先感谢您能抽出宝贵的时间来看我的自荐信。

本人是××职业技术学校2010届模具专业的应届毕业生。我喜爱模具这个专业并为其投入了很多的精力和热情。

在三年的技校生活中,我勤奋刻苦,力求向上,努力学习基础与专业知识,课余时间积极地去拓宽自己的知识面,并积极参加学校的各种体育活动。作为正要跨出校门,迈向社会的技校生,我以满腔的热情与信心去迎接即将到来的挑战。

当今社会需要高质量的复合型人才,因此我时刻注意自身的全面提高,建立合理的知识结构。在模具与数控方面有较深厚的理论基础,机械制图、机械工艺、公差配合、机械制造、专业数学、机械加工、电脑绘图等各方面有了一定基础。

三年技校生活的学习和锻炼,给我仅是初步的经验积累,对于迈向社会远远不够的,但所谓士为知己者死,我相信自己的饱满的工作热情以及认真好学的态度完全可以弥补暂时的不足。因此,面对过去,我无怨无悔,来到这里是一种明智的选择;面对现在,我努力拼搏;面对将来,我期待更多的挑战。战胜困难,抓住每一个机遇,相信自己一定会演绎出精彩的人生。

希望通过我的这封自荐信,能使您对我有一个初步的了解,我愿意以极大的热情与责任心投入到贵公司的发展建设中去。您的选择是我的期望。给我一次机会还您一份惊喜。 期待您的回复。

最后祝贵公司的事业蒸蒸日上,稳步发展!

此致

敬礼!

自荐人:高明仁

2010 年 3 月 28 日

范文 2

尊敬的××公司董事长:

您好!

谢谢您能抽空垂阅一下我的自荐信!

贵公司良好的形象和员工素质吸引着我对这份工作的浓厚兴趣。很高兴能为你介绍一下自己的情况:我来自重庆两江新区。我于 2008 年 6 月份毕业于重庆市××职业学校的文秘与办公室自动化专业。在外工作一年多,曾任职中国移动 10086 热线外呼客服代表三个月,还在××厂里担任货仓文员一职一年多。在外工作的经历使我明白,现在的社会日新月异,如果想要得到一份好的工作,必须时刻去学习新的知识与不断去增强自己对社会的见识,所以我非常热衷参加各种可以增长自己知识和能力的活动,使自己的人生观与价值观有所改进,且在外工作的一年多,使我学到了永远抱着一份学习的心情去做事,这样才能不断的充实与端正自己。

我怀着满腔的热情与信心去挑战这份新工作,同时我也相信我过去的工作经验会给予我很大的帮助。我相信自己的饱满的工作热情以及认真好学的态度完全可以使我更快的适应这份新工作。因此，我渴望得到这份工作，相信自己能在这份工作的平台上，创造自己的人生价值与事业。非常感谢贵公司能提供一次这样的机会，让我对贵公司有更深层的了解，更希望能得到这次机会，与贵公司共建一个美好的明天。

期待您的回音！

最后祝贵公司的事业兴旺发达！

此致

敬礼

自荐人：全方能

2009 年 06 月 20 日

(四)体检表

体检表是证明自己身体是否健康的有效材料。主要在县级或以上医院完成。体检表限于本人使用，上面需要贴本人的相片，并有医院医务科公章才有效。很多企业在招工上有自己的指定体检医院，一是能有效保证招收员工的身体健康真实性，二是集体体检节约成本。

(五)获奖资料和其他相关证书

最好提前把自己所取得的职业资格证书、获得的各种荣誉证书及其他证书复印在 A4 纸上，作为面试的辅助材料，这些证书能大大提高面试的成功率。

求职前的准备工作是每个初入职场的学子必须经历的特殊的心路历程。请同学们认真思考自己的职业目标，全面深入分析自我，精心准备好求职资料。作好面试的准备，去开启属于自我最美丽的职业篇章吧！

机遇属于那些有准备的人，机遇属于那些敢于做自我挑战的人！

三、就业信息的收集

(一)就业信息收集的途径

(1)利用招聘广告(互联网、报刊、电视、杂志等)。

(2)自我社会关系网络。

(3)职业介绍所和人才交流市场。

(4)学校安置办发布的信息储备。

(5)自找出路,直接上门推销。

(二)就业信息处理的过程

(1)鉴别获取的信息。信息既蕴藏着机会,也可能潜伏着陷阱;有的无比珍贵,有时却是一堆"垃圾"。鉴别获取的信息是信息处理的第一步,也是一个重要的前提。由于所获取信息不一定都全面、准确,因此要对信息进行严格的鉴别和判断,并加以澄清和剔除,使之更好地为自己的求职择业服务。

鉴别信息,首先,要确定信息的可靠程度,对于不可靠和心里不踏实的信息要通过各种信息渠道和知情人士去打听;其次,要鉴别信息的内容是否齐全,特别是发现自己所想知道的细节没有或者不清楚时,要抓紧时间进行一番实际考察,旁敲侧击地询问一些情况,或通过其他渠道了解,还可以在应聘时向主聘人提出。总之,要等信息基本准确之后再作决定,这步工作做好了,才能保证随后的工作按照正确的方向进行下去。相反,这步工作判断错误,则会让毕业生的求职过程一开始就处于被动,很可能对自己心理和行为带来许多负面影响。

(2)按照自我标准,将信息排序,重点把握。在信息加工之前,先给自己草拟一个职业选择提纲,确定择业标准;再按照标准进行初选,即去粗取精,去伪存真,对剩下的信息要进行再一次的分析和处理。因为,即使真实的信息,也不是每条都适合中职毕业生的实际情况的,所以,要对所掌握的信息进行比较和选择,看看自己的性格、兴趣、特长与哪个单位更匹配,哪个单位更符合自己的职业生涯规划目标,从中选出重点。对重点单位的内部信息要进行深入细致的分析,分析它需要的人才的特点,它对人才使用的方向,以及该单位未来发展的前景等。在把握这些情况以后,再根据自己的实际情况和用人单位的要求,有针对性地设计自己的应聘材料,从而提高应聘的成功率。

(3)善于挖掘潜在信息。许多信息的价值往往不是浮在表面上的,必须经过深入挖掘才能发现。比如,根据有些单位的现状,可能还难以判断、预测单位和自己今后的发展;有些单位虽然目前可能条件差一些,但从长远看是有前途的,能够给人才较大的发展空间。这就要求求职者既要站在高处,从长远的、大局的方向看职业、单位的趋势,又要留意信息的细枝末节,由表及里地挖掘信息的内涵价值。

(4)及时反馈信息。在当今变化万千、节奏加快的时代,就业信息由于其传播速度快,共享程度高,求职者得到的信息仅仅代表着一种可能的机会,而且充满着竞争,机会稍纵即逝。因此,求职者在获取信息后,一定要尽快分析处理并向信息发布者反馈信息,早动手未必一定能得到这个岗位,但反应迟钝几乎肯定就会失去这个岗位的。

四、就业意识的培养

就当前的就业形势来说,很多就业岗位是需要我们中职生的,这就要看我们是如何正确地认识自己,如何把握住就业机会了。但现在部分中职生却不能正确地认识自己,他们往往在一些方面有着过高的要求,如在薪资待遇方面,很多中职生初次就业月工资要求不低于 1 000 元;在工作环境方面,很多中职学生希望在恒温无尘的环境下工作,甚至要求在办公室工作;在行业选择方面,很多中职学生趋向于选择 IT、通信、电子类企业;在公司规模方面,很多中职学生趋向于选择大型国企,大型跨国公司与行业内著名企业。这些要求与中职生自身的综合能力相比,明显属于就业期望值过高。很多学生对自己的就业目标、职业兴趣、跳槽(辞职)原因、职业选择等缺乏明确认识,放弃了一些不错的就业机会。那么中职生应该树立怎样的就业意识呢?

(一)树立正确的市场就业意识

中职类学校的培养目标就是为社会输送具有一定实用技术的初中级密集型技术工人、第三产业服务人员和基层的劳动者。这就决定了中职生在初次就业时不能好高骛远,在选择职业时必须要根据自己的专业情况、能力情况,结合市场的需要和企业的岗位的需求来选择,树立业无贵贱,行行可成才的意识。当你成才以后,你选择的就业岗位范围就会更加宽广。

(二)树立爱岗敬业意识

中职生树立爱岗敬业意识,就是要认真对待自己的工作岗位,对自己的岗位职责负责到底,无论在任何时候,无论从事什么职业,都尊重自己的岗位的职责;

爱岗敬业是人类社会最为普遍的奉献精神,它看似平凡,实则伟大。

一份职业,一个工作岗位,都是一个人赖以生存和发展的基础保障。同时,一个工作岗位的存在,往往也是人类社会存在和发展的需要。所以,爱岗敬业不仅是个人生存和发展的需要,也是社会存在和发展的需要。爱岗敬业应是一种普遍的奉献精神。

作为才走向社会的中职生,要做到爱岗敬业,首先要乐业。只有从内心深处愉快接受自己从事的工作,真正对自己的岗位感兴趣,才能在岗位上倾注满腔热情,才能真正把工作做好,才有信心做好。这种发自内心的对职业的喜好能让人从职业中领略乐趣,从而创造价值;其次要勤业。就是要忠于职责,刻苦勤奋,不断努力。才上岗的新手,什么都新奇,也很兴奋,但也对新工作环境、新岗位要求还需要不断适应。虽然很多岗位有老员工或班组长带领工作,也很容易就上手,但绝不能满足。很多在工作中有成就的人初入职业时都能做到脑勤(不断思考)、眼勤(多细致观察)、口勤(不懂就问)、手勤(多练习实践)、腿勤(多跑路);再有就是精业,只有让自己的业务技能娴熟,精益求精,才能不断进步,才能把工作做得完美,保证工作质量。我国曾出现一批岗位能手:"一刀准""一口清""活地图""问不倒"这些令人赞叹的绝技也成为中职学生追求的目标。

(三)强化技能意识

近几年,中等职业学校就业率要高于各类高校毕业生就业率。事实证明,大学毕业生就业难,难就难在动手能力差,而中职学校毕业生走俏,俏就俏在动手能力强,能与企业需求实现零距离对接。因此,在就业中要与大学生竞争,中职生只有突出其专业技能好,操作能力强,上手快,就业定位合理等优势,才能在激烈的市场竞争中取胜。

(四)树立继续学习的意识

知识和能力是一个人综合素质的基础,随着高新技术的迅猛发展,知识更新的加快,中职生如果不注意继续学习,仅凭已有的一点知识和技能去应付目前的岗位工作,很快就会被不断发展的社会所淘汰。因此,中职生要努力学习和掌握本专业现有的知识和技术,还要养成主动学习的意识,要利用各种学习机会,主动扩展知识面,掌握新技术和新技能,养成终身学习的好习惯。

【思考题】

1.结合自己所学专业,给××公司写一封求职信?

2.设计一份个人自我简历。

【交流与讨论】

(1)收集最近一阶段和本专业有关的求职信息,自己制作求职信息档案。

(2)以毕业班为单位,开展1~2次现场模拟招聘活动。

【拓展训练】

附1:学生职业意向调查问卷

姓名_____年龄_____性别_____

年级_____专业_____

一、家庭基本情况(选择一项,将英文字母填写入括号内)

(1)父亲文化程度_____,职业_____,母亲文化程度_____,职业_____

家庭(父母二人)经济状况( )

(2)月收入共计( )

A.5 000元以上   B.2 000~5 000元

C.1 000~2 000元   D.500~1 000元

E.500元以下

(3)父母对你学历的期望（ ）

A.大学　　　　　　　B.大专　　　　　　C.中专　　　　　　D.高中

二、学生基本情况（选择一项,将英文字母填入括号内）

(1)你选择该学校和专业的主要原因是（ ）

A.便于就业　　　　　　　　　　B.本人喜爱

C.父母愿意　　　　　　　　　　D.学校宣传好

E.就业工作环境好,工资待遇高

(2)你对所学专业（ ）

A.喜爱　　　　　　　B.一般　　　　　　C.不喜爱

(3)你学习的积极性（ ）

A.很高　　　　　　　B.一般　　　　　　C.不高

(4)你对以下哪类课更感兴趣（ ）

A.文化基础课　　　　　　　　　B.公共素质课

C.专业理论课　　　　　　　　　D.专业技能课

E.生产实习课

(5)你是否考虑过自己未来人生（ ）

A.曾经认真思考过　　B.有时要想一点　　C.没有考虑过

(6)你对未来人生的打算（ ）

A.积极创造人生　　　B.从众　　　　　　C.听从父母安排

(7)人格类型自我测评（ ）

在下面6种类型中选择一种最接近自己类型画"○"：

现实型（ ）:喜欢明确有序、系统的操作工作,本人缺乏社交能力。

调查型（ ）:喜欢智力的、抽象的、分析的、推理的、独立的定向任务,缺乏领导能力。

艺术型（ ）:爱想象、感情丰富、有创造性、能反省自己,但缺乏办事能力。

社会型（ ）:喜欢社交活动,关心社会问题,不喜欢机械操作。

企业型（ ）:性格外向、爱冒险活动,喜欢领导、支配他人,不愿埋头从事研究工作。

传统型（ ）:喜欢有条理的工作,能与他人友善相处,考虑问题实际,有较强的自控能力。

(8)你能写出10种以上的职业类型吗？越多越好。

(9)你对职业了解的主要途径（ ）

A.父母、亲戚处　　B.宣传媒介　　　C.同学朋友处　　　D.教师和学校宣传

(10)你选择职业的主要原则是(　　)

A.为社会做贡献　　　　　　　　B.按个人兴趣爱好

C.最能发挥个人特长　　　　　　D.顺从父母之意

E.社会地位高、工作环境好

(11)毕业后你打算(　　)

A.升学,继续深造

B.先就业,逐渐选择适合自己的职业

C.等待有满意的职业再就业

D.自己创业

(12)你认为所学专业是否适合自己(　　)

A.适合　　　　　B.基本适合　　　　　C.不适合

(13)你认为当今社会一个人一辈子从事一种职业可能性大吗?(　　)

A.不可能　　　　B.可能性很小　　　C.有较大可能　　　D.完全可能

(14)你知道什么是职业指导吗?(　　)

A.知道　　　　　B.了解一些　　　　　C.不知道

(15)你认为职业中学有必要开展职业指导工作吗?(　　)

A.有必要　　　　　B.可有可无　　　　　C.不必要

(16)你认为职业指导工作主要内容是(　　)

A.结合专业,开设一些求职途径、技巧、法规、政策方面讲座

B.从一个人生涯设计着手,进行全面职业指导。

C.成立职业指导机构,提供就业信息和职业指导方面咨询。

D.带学生参加社会实践,了解社会职业。

附2:职业倾向测试

为了确定适应你的最佳职业,这里介绍一种简单的测试办法。

测试目的:看你对哪种职业的工作有极大的倾向性或有潜力,以便帮助你选择和确定自己的最佳职业。

测试方法:以下前十题为 A 组,后十题为 B 组。每组各题你认为"是"的打 1 分,"不是"的打 0 分,然后,比较两组答案分值。

(1)当你正在看一本有关谋杀案的小说时,你是否常常能在作者未交代结果之前知道作品中哪个人物是罪犯?(　　)

(2)你是否很少写错别字?(　　)

(3)你是否宁可参加音乐会而不愿呆在家里闲聊?(　　)

(4)墙上的画挂歪了,你是否想去扶正?(　　)

(5)你是否常论及自己看过或听过的事物?( )

(6)你宁可读一些散文和小品文而不愿看小说?( )

(7)你是否愿少做几件事一定要做好,而不想多做几件事而马马虎虎?( )

(8)你是否喜欢打牌或下棋?( )

(9)你是否对自己的消费预算均有控制?( )

(10)你是否喜欢学习能使钟、开关、马达发生效用的原因?( )

(11)你是否很想改变一下日常生活中的一些惯例,使自己有一些充裕时间?( )

(12)闲暇时,是否较喜欢参加一些运动,而不愿意看书?( )

(13)你是否认为数学不难?( )

(14)你是否喜欢与比你年轻的人在一起?( )

(15)你能列出五个你自己认为够朋友的人吗?( )

(16)对于你能办到的事情别人求你时,你是乐于助人还是怕麻烦?( )

(17)你是否不喜欢太细碎的工作?( )

(18)你看书是否很快?( )

(19)你是否相信"小心谨慎,稳扎稳打"是至理名言?( )

(20)你是否喜欢新朋友、新地方和新东西?( )

测试分析:

1)若 A 组分值比 B 组高,则表明你是个精深的人,适合从事具有耐心、谨慎和研究等琐细的工作,诸如医生、律师、科学家、机械师、修理人员、编辑、哲学家、工程师等。

2)若 B 组分值高于 A 组,则表明你是广博的人,最大的长处在于成功地与人交往,你喜欢有人来实现你的想法。适合做人事、顾问、运动教练、服务员、演员、广告宣传员、推销员等工作。

3)若 A、B 两组分值大体相等,就表明你不但能处理琐碎细事,也能维持良好的人缘关系。适合工作包括护士、教师、秘书、商人、美容师、艺术家、图书管理员、政治家等。

附3:职业性格测试

根据自己实际情况,凭借第一印象回答是或否。

(1)喜欢那种内容经常变化的活动或工作情境。( )

(2)喜欢参加新颖的活动。( )

(3)喜欢提出新的活动并付诸行动。( )

(4)不喜欢预先对活动或工作作出明确而细致的计划。( )

(5)讨厌那种需要耐心、细致的工作。( )

(6)能够很快地适应新的环境。（　）

(7)当注意力集中一件事时,别的事很难使我分心。（　）

(8)在做事情时,不喜欢受到出乎意外的干扰。（　）

(9)生活有规律,很少违反休息制度。（　）

(10)按照一个设计好的工作模式来做事情。（　）

(11)能够长时间做枯燥、单调的工作。（　）

(12)喜欢做有条理的重复性的事情。（　）

(13)喜欢按别人的批示办事,自己不需要负责任。（　）

(14)在按别人的批示做事时,自己不考虑为什么要做此事,只要完成任务就行。（　）

(15)喜欢让别人来检查自己的工作。（　）

(16)在工作上听从指导,不喜欢自己作出决定。（　）

(17)工作时喜欢别人把任务和要求讲得明确而细致。（　）

(18)喜欢一丝不苟地按计划做事,直至得到一个圆满的结果。（　）

(19)喜欢对自己的工作独立作出计划。（　）

(20)能处理和安排突然发生的事情。（　）

(21)能对将来发生的事情负起责任。（　）

(22)喜欢在紧急情况下果断作出决定。（　）

(23)善于动脑筋、出主意、想办法。（　）

(24)通常情况下对学习、活动有自信心。（　）

(25)喜欢与新朋友相识和一起工作。（　）

(26)喜欢在几乎没有个人秘密的场所工作。（　）

(27)试图忠实于别人,且友好地与他人相处。（　）

(28)喜欢花大量的时间来帮助别人。（　）

(29)喜欢与人互通信息,交流思想。（　）

(30)喜欢参加集体活动,努力完成所分担的任务。（　）

(31)理解问题比别人快。（　）

(32)试图使别人相信你的观点。（　）

(33)善于使别人按你的想法来做事情。（　）

(34)喜欢通过谈话或书信来说服别人。（　）

(35)试图让一些自信心差的同学振作起来。（　）

(36)试图在争论中获胜。（　）

(37)你能做到临危不惧吗?（　）

(38)你能做到临场不慌吗?（　）

(39)你能做到知难而进吗? ( )

(40)你能做到冷静地处理好突然发生的事情。( )

(41)如果由于偶然失败将摧毁机器或伤害别人时,你能果断地采取措施而避免严重后果吗? ( )

(42)你是一个机智灵活反应敏捷的人吗? ( )

(43)喜欢表达自己的观点和感情。( )

(44)做一件事情时,很少考虑它的得失。( )

(45)喜欢讨论对一部电影或一本书的感想。( )

(46)在陌生场合不感到拘谨和紧张。( )

(47)相信自己的判断,而不喜欢模仿别人。( )

(48)很喜欢参加学校的各种活动。( )

(49)工作细致而努力,试图将事情完成得尽善尽美。( )

(50)对学习和工作抱认真严谨、始终如一的态度。( )

(51)喜欢很长的时间集中于一件事情的细小问题上。( )

(52)善于观察事物的细节。( )

(53)无论填什么表格都非常认真。( )

(54)做事情力求稳妥,不做无把握的事情。( )

_____职业教育中心

20   年   月   日

附4:模拟应聘笔试题

请应聘者在5分钟内选择一个你认为正确的选项。

1.下面是一个包含有一些数字区间的表格,表格后面的每一个选项给出了6个数字,请将一个区间含有两个数字的选项选出来。( )

A	B	C	D	E
6817~7245	1783~2054	5023~5527	5532~6246	4089~4526
3368~4290	0531~1121	7954~8266	2239~2628	8209~8725

(1)6937 (2)8834 (3)1824 (4)4235 (5)2485 (6)5323

有一个数在两个区间内,这个数字是( )

有一个数字不在所有区间内,这个数字是( )

2.下面每道题中有两组符号,请你从这两组符号中找出相同字符的数目,这个数目就是正确答案,如没有相同字符,正确答案写"0"

(1)D 五大辊会   G 小大五人 D( )

(2)中在人这口　中人以上为这( )

(3)PRACTICAL　POSITION( )

3.请你选择其中最为合乎逻辑的一种顺序

(1)处方　(2)医生问诊　(3)挂号　(4)心电图检查　(5)取药

A.3-4-1-2-5　B.2-3-4-5-1　C.3-2-1-4-5　D.3-2-4-1-5

4.请你认真阅读题目和4个供选择的答案,依据常识对事物关系作出判断,并从似乎合理的多种答案中选择出最合理的一个。

人走路时,手臂是自然不断地摆动,而且这种有节奏的摆动和下肢保持直立和对称。其主原因是( )

A.为了美观好看　　　　　　B.这样更能减少走路时能量消耗

C.这是一种无意识的动作　　D.是动物进化为人的过程中形成

5.下列两句话中,只有一句没有歧义,请将其选出来。( )

A.这里一间房可以住两个人　B.他借我500元

C.她的花棉袄罩着绿上衣　　D.他在水中做实验

6.高中和大学都有责任为学生将来谋职作好准备,由于能写一封好的求职信是达到目的的第一步,每一个教师都应该尽其所能帮助学生学会写这类信件。这段话的主要观点是( )

A.求职信写得不好会降低其被录用的可能性。

B.教师的主要职责是帮助学生找到好的工作。

C.录用与否往往取决于学生们最初申请的工作是什么。

D.每一位教师都被要求在讲课中介绍写求职信的知识。

7.下面是某大学学生人数统计表,请根据表中提供的信息,回答各题。

学生类别	人数	占全校的百分比
专科生	1 500	
本科生	7 200	70.5%
硕士生		11.03%
博士生	375	

(1)该校总人数为( )

A.10 250　　　B.10 200　　　C.10 000　　　D.11 000

(2)该校博士生占总人数的百分比( )

A.36.8%　　　B.0.36%　　　C.3.68%　　　D.4.31%

(3)该校专科人数与本科人数的比例是( )

A.12:17　　　B.1:5　　　C.1.5:7.5　　　D.2.5:7.5

第三单元 签约上岗

【引例】

权利难保实习生变成廉价劳动力

李科,18 岁,陕西省周至县二曲镇渭中村人。为了进入他所向往的城市,他上技校,却没学到技术;去实习,却被大钢管压坏脊梁骨。实习的工厂给他交纳了全部医疗费用,但随着一期治疗的结束,在后续治疗以及有关赔偿问题面前,学校和工厂开始扯皮了。丧失重体力劳动能力的他说,走向城市的每一步,都像跋涉在泥淖里,每一步都似乎踏进一个陷阱。

1)像父亲一样,农忙种地,农闲时做小工,我不甘心

还没有来得及细品,一夜间,我的身份已经从学生变成了农民。前年夏天,中考落榜,我成了陕西省周至县二曲镇渭中村的一名农民。

我必须得干点什么来养活自己。在我们老家,供孩子上完初中是家庭的责任,上学期间,你可以饭来张口、衣来伸手,可一旦走出校门,就要想办法自己挣钱了。要不,就成了村里人眼中的懒汉,连媳妇都不好讨哩。

当然,我不能像班上那些女孩子一样,三五成群地,跟着村里的熟人到南方去打工。因为那边工厂里的流水线只欢迎女孩子。可要留在村上,等待我的"工作"似乎只有像父亲一样,农忙种地,农闲时跟着村里的包工头到建筑队做小工。

我记得,总是天黑下来时,父亲进得门来,灰头土脸的,眼里却荡漾着笑意,从贴身衣衫里掏啊掏,最终掏出 13 块钱,极认真地交给母亲。然后又摸出一包 1 块钱的香烟,嘿嘿笑着说:"这个,就算我的,人家工头另搭的!"但施工队常常兑现不了这 13 块钱,这个时候,父亲黑着脸,捶着腰眼,一句话也没有。何向东是我一个村的同学。他有一个亲戚包了点私人的建筑活,我俩就跟着去做小工。搬砖、拉沙子、和水泥、上房揭瓦,建筑工地上没有一样活路是轻松的,我终于深刻体会到了父亲的艰辛,计算着身体不好的他在每天挣取 13 元钱和一包香烟的背后付出了怎样的血汗。

那个夏天,我和何向东总是盼望着下雨。因为只有下雨天,我们才能够名正言顺地歇一天。每每生起这种念头的时候,我也会问自己:难道这一辈子就要照这样走下去吗?

2)揣着父母辛辛苦苦攒下的积蓄,我又背起书包

就在我万般苦恼的时候,命运出现了一线转机。一位自称在县农机站工作的人跑到我家里,告诉母亲,按照我的成绩可以到西安市上技校,学习机械驾驶

和维修，将来开挖掘机，一个月最少挣1 800元，多能挣3 800元。那该是怎样的高收入呀，顶我和何向东两人在工地卖一年的苦力呢。我动了心。

掐指算算学费，算得我直嘬牙花子。那是天文数字——一学期1 700多元，顶我父亲一天不歇在工地做半年工，顶我妈一年在家喂4头猪。算到这儿，我不敢抱希望了。

那个招生的人三番五次到我家，还租来一辆大轿车，拉着我们好些同学的家长，到西安市一家大学，指着一排排的挖掘机说："这里是我们学校的实习基地，你们的娃娃将来就开这种机子哩！"从西安市回来，我母亲下决心要供我去读技校。母亲说，土地不养人，男孩学门手艺，到城里发展才有出息。

那个秋天，揣着父母辛辛苦苦攒下的积蓄，我又背起书包，做了学生。我暗暗发誓，一定要珍惜这来之不易的机会，学好真本事。

和我一路报到的，除了何向东，还有同村的张波等4人。我们上的现代科技技工学校是一所刚刚开办的职业学校，我们是第一批学生。校址在西安市，但我们上课却在县城设立的教学点。班上有60多名学生，全是来自周至县各个乡镇的初中毕业生。他们也和我一样，在早早就被挤下上大学这座"独木桥"后，盼望着通过另一条途径"抵达"城市，改变命运，挣大钱，永远地脱离农村。

我的专业是开挖掘机。学校安排头一年学理论，第二年到工厂实习，连带安排就业。也许是底子太差，理论课上老师讲的很多东西我们听不懂。厚厚的一本书，不到一个月就上完了，大家都是一头雾水。在私下议论时，大家自我安慰，说咱这个专业注重的是实践，理论不懂不要紧，只要到厂里实习时好好学就没有问题。转眼到了2005年的9月，我们转到西安市鱼化寨总校学习操作实践。我感觉自己距离城市生活更进一步了。

享受城市生活的代价，是每个月的生活费从100元涨到300元。为了避免看到母亲的愁容，我尽量减少回家次数，每次要等到口袋里的钱只剩下15元的路费时才起身回家。为什么要剩下15元？从西安市回到周至县的车票是13元，从学校到长途汽车站的公交车票得2元。其他同学大多也和我一样，为了省钱，大家连学校的食堂都很少光临，经常在宿舍里泡方便面吃。

开学没多久，学校就催促我们交下学期的学费。老师很厉害，说如果不交，就不安排实习。不安排实习，就不可能找到工作。我看实在拖不过去了，只好给母亲打电话。我安慰自己，这是最后一次向家里要钱了，再有一年我就毕业了，能挣钱了，我要用自己的工资把家里欠的债还上。

3) 大钢管压坏我的脊梁骨，从此干不了重体力活

我和何向东等十几位学生被安排到西安市北郊的一家生产小型挖掘机的工厂实习。老师说得清楚，如果表现得好，就可能直接留厂工作了，但如果因为

自己的原因离开实习单位,那学校就不再安排就业,你就自谋出路吧。那家工厂规模不大,但从原材料进厂到生产成型的设备工序非常齐全。我们刚一进厂,什么都不懂,就被安排干些下钢板、卸轮胎的体力活。虽然都是农村学生,可这活太重,一天下来累得人都不想张嘴唇说话。不少人打了退堂鼓,没多久,一起去的十几个学生走了一大半。我也有些扛不住了,在同村的何茂走了之后,我给家里打了个电话,母亲在电话里说:"娃呀,你要坚持住,权当是锻炼呢。"我听了无言以对。谁也没想到,第二天我就出了事。

那是下午两点多,师傅指派我钻在挖掘机下卸螺丝,不晓得谁把挖掘机发动起来,一根大钢管砸在我脊背上。我挣扎了又挣扎,怎么也起不来。从手术室出来,看到母亲和姥爷都来了,母亲不住地哭,只怪自己头一天没答应让我回家才害了我。医生对姥爷说,只差一点点没压着我的脊椎神经,是不幸中的大幸。但造成胸十二骨骨折,经过手术卸掉一块骨头,我今后不能再从事与驾驶有关的工作,也不能干重活了。母亲在楼道只是哭,低低地哭,哭得我心里乱得很。两年来,家里为供我上技校,已花去15 000多元钱,现在钱打了水漂不说,再回到农村不能干重活,岂不成了废人一个?母亲是操心这个哩。

4)我躺在病床上不能动,工厂和学校却在扯皮

对于治疗,工厂方面很积极,全部交纳了费用不说,还在母亲的要求下请来了一名陪护照顾我。但随着我一期治疗的结束,后续治疗以及有关赔偿的问题摆在了面前,学校和工厂开始扯皮了。

我受伤后,校长来看过我一次。他说事故责任主要在厂方,要让厂方给予赔偿,不行就打官司。厂方说,医药费他们已经认了,要赔偿得和学校商量着来。就在我被打上支架,躺在病床上不能动的时候,60多岁的姥爷顶着隆冬的寒风雨雪,一次次找工厂、找学校,最终也没能把学校的校长和厂方的负责人叫到一起商量。

日子一天天过去,医院开始催促我出院了。我也知道这种伤一时半会儿好不了,重要的是回家休养,但我不能回家,我要等待学校和工厂对我以后的生活有个说法。春节一天天临近了,我只能卧在西安的病床上。腊月底,母亲抛下我,回家张罗过年去了。我知道,她其实想用这种方式告诉村里人,我伤得并不重,已经痊愈了。她担心村里人知道我"废了",会影响我今后定亲。农村说媒兴打听,如果都知道我丧失了重体力劳动的能力,谁还敢给我提亲呀。

两个月过去了,事情还没有解决,我还住在医院里,伤口依然隐隐作痛,左腿也有些不大灵便。我还是坚持每天下地活动,想通过锻炼恢复体能。我不想就这样半途而废,更不想回到农村去依靠父母。我希望自己能够留在城市,能够谋到一份职业,能够自食其力,能够宽慰我那可怜母亲的心。

【点评】意外事故,谁也不愿意发生,读着李科的故事,心隐隐着痛。随着中等职业事业的蓬勃发展,中职生已经成为社会不可或缺的力量之一,如何杜绝上述类似情况发生,最大限度保护好中职生合法权益,让广大中职业生的未来变得不再渺茫,不再受伤害;让他们人人能就业,就好业,需要学校、企业、政府共同努力。

【想一想】就业上岗,是我们每位中职毕业生重要的人生经历。有人认为与用工单位签订了劳动合同会约束员工跳槽,束缚自己职业自由。请好好想想,不签订劳动合同的就业,可行吗?

一、订立劳动合同的原则和注意事项

中国人讲究凡事"有言在先,有凭有据",签约是维护自我权益的基础。本书前面章节已经专门介绍了劳动合同的相关内容,现具体谈谈中职生在签订劳动合同时订立的原则和注意事项。

(一)订立劳动合同必须遵循的原则

1.合法原则

就是订立劳动合同必须遵守国家的法律法规和政策的规定。它包括:

(1)订立劳动合同的主体必须合法。首先要了解签约用人单位,是否是依法成立的企业、事业单位、国家机关、社会团体和个体经营户等用人单位;这主要通过查看用工单位工商税务登记许可证或营业执照来了解;其次,作为劳动者,必须是具有劳动权利能力和劳动行为能力的公民。

(2)劳动合同的内容必须合法。劳动合同条款不能违反国家法律、法规和政策的规定,不得损害国家利益和社会公共利益。

(3)劳动合同订立的形式和程序必须合法。劳动合同订立形式以书面形式订立。

2.公平原则

是指劳动合同的内容应当公平、合理。双方在符合法律规定前提下公正合理确定双方的权利和义务。

3.平等自愿的原则

平等是指当事人双方在签订劳动合同时的法律地位平等,没有任何隶属关系、服从关系,用人单位与劳动者是以平等的身份订立劳动合同。自愿是指订立劳动合同完全出于当事人自己的意志,任何一方不得将自己的意志强

社会保险:包括养老
失业、工伤、
医疗、生育

办理档案和
启口调动

有薪年假

高温补贴

婚假、产假、
计划生育、丧假

加给对方，也不允许第三者干涉劳动合同的订立。

4.协商一致的原则

协商一致是指合同的双方当事人对合同的各项条款，只有在双方充分表达自己意志基础上，经过平等协商，取得一致意见的情况下，劳动合同才能成立。

凡是违反平等自愿、协商一致原则签订的劳动合同，不仅不具有法律效力，而且还应承担一定的法律责任。

5.诚实信用原则

这要求双方在订立合同时要诚实，讲信用。

超级连接：

未满16岁能参加工作吗？

我国，除了特殊行业，一般不能。根据《劳动法》第15条规定，禁止用人单位招用未满16周岁的未成年人。文艺、体育和特种工艺单位招用未满16周岁的未成年人，必须依照有关规定履行审批手续，并保障其接受义务教育的权利。

(二)签订劳动合同时注意事项

(1)凡是涉及额外产生任何费用的条款，是不合法的，可以拒绝缴纳。有些求职者求职心切，认为用工单位收点资料费，保证金，服装押金，培训费在情理之中，金额又不是很大，往往会不太在意；而实际上，这些看起来合理的费用是不合法的。

(2)一般不要签订集体合同。签订合同前仔细阅读合同各条款，遇到不明白的地方，一定问明白要领。如果用人单位要求现场签约，你可以借故离开一下，把不明白的地方打电话先咨询一下朋友、老师。

超级连接：

集体合同的签订

集体合同应当提交职工代表大会或者全体职工讨论通过。集体合同由工会代表企业职工一方与用人单位签订；尚未建立工会的用人单位，由上级工会指导劳动者推举代表与用人单位签订。集体合同签订后报送劳动行政部门，15日内未提出异议的，合同即生效。

（3）如果是格式合同，对合同时间、劳动报酬、劳动休假、社会保险、劳动保护、加班福利等内容，该明确的，一定写明白，做到心中有数。

（4）对一些技术含量较高，涉及企业商业秘密的工种，企业在签约时，可能有竞业限制，其竞业限制对象主要是少数掌握企业重大机密的高管或技术人员，而不是对所有员工，再有，其限制的期限也不能过长。

（5）个人信息不能随便外泄，劳动者签约时，提供个人有效身份证复印件或其他有效证件复印件时，切不可把原件交与对方，复印最好自己亲自完成，并注明仅限此次做什么用。联系电话最好留本人的，便于联系沟通。

中职毕业生在找就业单位的时候不要只看对方招聘简章的待遇或偏听对方的介绍，而更多的是考察一下对方的资质，比如看看对方营业执照，工商税务登记，从事工作与经营许可范围是否吻合等。俗话说：小心驶得万年船，多个心眼不是坏事。

二、规避职场陷阱

职场上，任何人都面临着"代价"和"收益"的问题，即同时存在风险和机遇。没有人会在职场舞台上一直春风得意，总会因为这样那样的原因摔几个跟头。即使在透明度高、机制健全的企业或公司，也存在错综复杂的关系网，在一个团体里面，很难做到独善其身。无论是职场新人还是老手，一步没走好，说不定就踏入了一个意想不到的陷阱，从而影响职业发展。所以，在职场人规划自身寻求发展时，要尽可能详细地了解将要遇到的问题，仔细计算"得"与"失"的差距，制定相应的战略战术，有意识地规避职场陷阱，不然惹一身腥就不太划算了。

（一）以高薪为诱饵，骗人先掏钱

每一位求职者都希望能找到一份高薪的工作。因此，一些用人单位就以夸张、离谱的高薪为诱饵。例如，一家根本就不起眼的公司，开出"欢迎社会新人，薪水3 000元起"这样诱人的高薪来诱使求职者上钩。等到求职者办理"入职手续"时，对方就会要求应聘者交"建档费""服装费""风险押金"……

（二）串通医院"分赃"，专坑求职者体检费

据知情人介绍，"黑中介"经常利用求职者急于找工作又不清楚体检程序等钻空子，假装按照正常的招聘程序，依次进行面试、笔试、体检等项目，向求职者收取近百元的体检费，通知求职者到其指定的医院体验。3天以后，当求职者与"黑中介"串通的医院拿到结果时，会被"黑中介"以"不合格"等理由堂而皇之地拒绝或辞退了，或者增加一些条件让求职者自己知难而退（例如要求再交费用、改变工作承诺、甚至说工作内容就是当打手来吓唬求职者等），体检费则被"黑中介"和医院瓜分，求职者只

得有苦难言,就算"幸运"通过了体检,"黑中介"也是能拖就拖,应聘者根本没有工作的机会。

(三)黑中介冒充招聘单位

部分黑中介会冒充招聘单位开出诱人的条件,并尽量隐瞒自己中介的性质,要求求职者交纳建档费、报名费等各种费用,当求职者发现上当要求退还费用时,却推脱这些是中介收费。按规定,中介机构向求职者收取费用时不得隐瞒自己的身份,不得欺骗求职者。求职者即使要交纳费用,也一定要保留好相应票据,以便维权。

(四)赚廉价劳动力

一些用人单位看准了求职者特别是毕业生就业心切的心理,以试用期为名赚廉价劳动力。重庆市大中专就业中心于老师告诉记者,据一些学生反映,用人单位在试用期结束后,以各种理由辞退了毕业生,因为试用期的工资低,这些用人单位实际上是在赚廉价劳动力。在不少地方,一些从事药品、保健品、化妆品的销售公司借设办事处之名,以高年薪招聘"市场部经理"或"业务经理",引来众多的应聘者,有的人好不容易熬够试用期,公司却借口考核不过关,一纸通知让其走人,应聘者也是当了一回廉价劳动力。

有关人士提醒,诸如"本广告长期有效,长年招聘,且报名不受限制"的招聘广告,求职者一定要小心。

(五)剽窃求职者作品

这是求职者遭遇的智力陷阱,智力陷阱则是指以考试为名无偿占有程序设计、广告设计、策划方案、文章翻译等劳动成果。现在招聘过程中的骗取"智力"很常见。这种堂而皇之地占有他人的劳动成果,性质更为恶劣。而广大求职者要具备慧眼,多加小心。

(六)扣留证件要求求职者做不正当商业行为

初次求职者一般经验缺乏,加之防备松懈,因此市场上有人设陷阱,诱骗无经验的求职者(尤其是学生)从事不正当的商业行为,或用不当手法扣留求职者保证金、证件等,使无辜者受害。

(七)薪酬陷阱

一些招聘人员在求职者的询问下,给出一个含糊的月薪数字,然而在月底兑付时却多半会说你没完成工作量,或工作失误,以此来扣除你的部分薪酬。

(八)"暗度陈仓"收培训费

有些用人单位实际上"暗度陈仓"收培训费,在北京的一些招聘会上,特别是规模小的招聘会,的确有一些手续正规的用人单位,打着招聘的幌子实则为收培训费,这些用人单位一下要招几百人,招完后,对求职者说,上岗要培训,然后把这些人全部送去培训。实际上,这些单位和培训机构私下有协议,培训结束,只招几个人。面对质疑,这些单位解释说,获得的证书行业内可以通用,求职者有苦说不出。

另外,一些单位收取内部培训的培训费,按规定,单位内部组织的培训,不得向员工收取费用。

(九)暗收违约金

"有些用人单位太黑了,签完协议后,采取卑鄙的手段收取毕业生的违约金。"某学校就业部门的负责人告诉记者。她说,一些用人单位在与毕业生签署协议后到毕业生入职期间采取各种手段逼毕业生主动提出辞职,然后收取违约金,最高的违约金竟达 3 万元。

(十)借招聘做形象宣传

一些本来形象不错或有较好经营业绩的企业也假借招聘之名,以"因业务发展,年薪数万,分住房、投保"等类似的丰厚待遇招贤纳士,实际是借招聘炫耀自己的品牌与实力。在招聘时,对求职者挑三拣四,有的干脆以条件不合格或人员已满为由,不收简历,还有一些只是在招聘会上宣传的企业把收到的简历随手扔到招聘会的现场。对于公司长期招聘一两个职位的,要小心是否借招聘会在做宣传。

(十一)"挂羊头、卖狗肉"

实际上一些单位在人才市场"挂羊头、卖狗肉",比如招聘时说招编辑、记者,实则是招广告业务员;如打出招聘财务总监、工程师等广告,而实际上却是做一些一般性的工作;除电话费外,公司几乎不需要支付任何成本,业务员没有任何底薪,全靠广告提成。这类招聘广告所要招聘的,一般是各种业务员、促销员。广告上承诺提供的薪水,往往都比较高,许多求职者很容易为之所动,招聘单位常常挑出应聘者的种种"不足",然后以此为理由来压低薪水。

(十二)警惕六类合同"陷阱"

一类是"单方合同"。用人单位在合同中处处是"由甲方决定""按照甲方的相关规定执行"等条款,无视乙方即劳动者应享受的权益。面对这样的合同,劳动者应当谨慎签约。

二类是"押金合同"。用人单位在招工时以种种名目向劳动者收取风险基金、保证金、抵押金等,如果合同期内劳动者离职,这笔钱肯定要不回来。遇到这种情况,劳动者可向劳动监察部门举报。

三类是"幕后合同"。一些民营企业在制定劳动合同时根本不与劳动者协商,也不向劳动者讲明合同内容,甚至有些合同条款与法规相抵触。劳动者如果签订这样的合同而使合法权益受到侵害,可向当地劳动仲裁机构申请裁定该合同为无效合同。

四类是"性命合同"。一些提供带有风险工作的用人单位为了逃避责任,不按劳动法有关规定提供劳动保护,并提出"工伤自己负责"等条款。劳动者如果签下这类协议,无疑是拿自己的性命当儿戏。

五类是"包身合同"。很多用人单位在劳动合同中明确提出,3年内不得跳槽到同行业的公司工作,并以扣下劳动者人事档案相要挟。劳动部门提醒,非公司的核心技术人员,不涉及商业秘密,不受这类合同的制约。

六类是"备份合同"。为了逃避劳动部门的检查,个别用人单位私下准备了至少2份合同,其中一份是假合同,内容完全按照有关部门的要求签订,但实际上并未按此执行,真正执行的是另一份合同。所以,劳动者一定要将自己亲笔签订的劳动合同副本收藏好,作为以后维权的依据。

总结:招聘中的陷阱多种多样,需要求职者多多留心。对于"天上掉馅饼"的事情要保持冷静,特别是要交纳费用的情况,请多咨询一下身边的朋友,按国家规定,招聘单位不得向求职者以任何名义收取任何费用,中介单位收取费用,需有相关资质,并向求职者明确说明,同时请求职者保留相关票据以便维权。另外,求职者最好能够熟悉相关劳动法规,以便保护自身权益。遇到权益受到侵害时,请及时向主管部门举报,或直接向公安机关报案。

网络招聘

三、顺利度过试用期

(一)试用期的内涵

试用期是指用人单位和劳动者双方相互了解、确定对方是否符合自己的招聘条件或求职条件而约定的不超过6个月的考察期。

试用期是伴随着劳动法的出台而出现的。劳动法规定,劳动合同可以约定试用期,但最长不得超过6个月。在劳动合同中约定试用期,一方面可以维护用人单位的利益,为每个工作岗位找到合适的劳动者,试用期就是供用人单位考察劳动者是否适合其工作岗位的一项制度,给企业考察劳动者是否与录用要求相一致的时间,避免用人单位遭受不必要的损失。另一方面,可以维护新招收职工的利益,使被录用的职工有时间考察了解用人单位的工作内容、劳动条件、劳动报酬等是否符合劳动合同的规定。在劳动合同中规定试用期,既是订立劳动合同双方当事人的权利与义务,同时也为劳动合同其他条款的履行提供了保障。

(二)试用期需要注意的问题

(1)要注意完成角色的转变,即完成由学生向企业员工的角色转换。

(2)要注意培养良好的适应能力和从业心态,以低姿态过好劳动关、环境关、生活关、工作关。

(3)要正确处理好人际关系,主要是要处理好新老员工关系、上下级关系、男女同事关系、工作与休息关系等。处理好这些关系,同学们在工作中就会感到如鱼得水,事半功倍。建议同学们平时多读读人际交往方面的书籍。

(4)学会与人沟通。对父母要定期联系,联系时尽量遵循报喜不报忧的原则;对上级、老师要尊重服从,敢讲真话、心里话;对同事和平共处,互相激励。

(5)几个毕业生须警惕的问题

①传销陷阱。

②网络诈骗。

③高薪和物质诱惑。

④频繁跳槽。

(6)最容易被淘汰的几种员工

①情商低下和心理脆弱的人。

②技能单一和知识陈旧的人。

③不善学习和目光短浅的人。

④反应迟钝和不苟言笑的人。

⑤单打独斗和好大喜功的人。

⑥法纪观念淡漠的人。

⑦生产任务无法正常完成的人。

(三)如何顺利度过试用期

1.尽快了解企业文化

企业在新员工入职时已不仅仅只做简单的引见,而是往往安排了好几轮的培训等待这批新人。这些培训可以帮助员工了解企业的行为规范、福利待遇、可用资源等,更重要的是将企业文化灌输到员工的大脑。

2.踏实做好眼前事

新员工特别是刚毕业的学生有很高的工作热情,希望得到一份富有挑战性的、激动人心的工作,并希望这份工作能发挥自己的专长、证明自己的能力并获得提升的机会。一些管理专家也认为,企业此时能做的最重要的事情之一,就是争取为新员工提供的第一份工作是富有挑战性的。但是,眼下大多数公司往往不敢赋予新员工更多的责任、更大的权力,而只是提供相对比较简单、并无多大挑战性的工作。现实总是与理想存在着差距,遇到这样那样不如意的问题时,新员工,尤其是刚毕业的新人会轻易产生跳槽的想法。而事实上,蜻蜓点水似的换过几次工作之后才发现,这样那样的问题几乎到哪里都存在。因此,克服浮躁心态,尽力展示自己工作能力,对于新人来说是至关重要。

3.注重小节为自己加分

复印机没有纸了,悄悄地给加上;饮水机没水了,主动给送水公司打个电话;准备一块抹布,不指望卫生都由清洁工来搞;早来几分钟、晚走几分钟,最后一个上班车……这些不起眼的小事能给人留下好印象。要学会当听众,每个单位都免不了有说长道短的人。初入新环境,多了解"状况",多听听当然无妨,但切不可自己妄加评论,以免言多语失。

另外,注意锋芒不可太露。在试用期谁都想给单位留下好印象,但过犹不及,要循序渐进,以免面面俱到但又一事无成。不能以自我为中心,如果因为业务不熟悉而犯错,除了承认之外,向上司或是公司同事请教以免再犯是最好的办法。千万不要犯了错误还给自己找借口。

4.了解试用考核重点

新人入职之后,职能部门和人力资源部门便开始对他的工作进行考核。职能部门的考核,重点在于其个人的专业水准是否能足以应付他(她)所在的岗位要求,而人力资源管理部门则重点在于考核该职员对新环境的适应能力、人际交往能力、协作能力、表达能力等方面。另外,对于处在管理岗位上的员工,还会重点考察其工作计划能力。

当然,新人的"来历"不一样,企业考核的重点会不同。刚刚步入职场不具备经验的新人,企业会重点看他是否具有培养潜力,是否有积极的工作态度,是否具有团队合作精神等。而对于以前有过工作经验的人,则主要考察他能否很快上手以及工作经验是否属实,其次,还要看他到达新环境后与同事的合作能力。了解了这一点,新人或许就能对如何顺利度过试用期多一些心理准备。

四、如何才能成为一名优秀员工

做一名优秀的员工,实现自身最大的价值,为企业的发展和壮大贡献自己最大的力量,是一种高尚的荣誉、是一份可以让人兴奋和自豪的事业,也是我们每一位普通员工的必然追求。作为刚走上职业舞台的中职生朋友们,如何才能在众多的员工群体中脱颖而出,成为真正的优秀员工,可从以下几方面努力:

(一)爱岗敬业,勇于担责

一名优秀的员工,首先是一位敬业的员工。一名员工如果不敬业,如果遇事都斤斤计较,不肯付出,不愿意把自己的工作作为一项事业来追求,我想是不可能优秀的。只有那些爱岗敬业,不计个人得失,能以出色地完成工作,做出漂亮业绩为追求的员工才可能成为一名优秀的员工。前面已经就敬业精神做了专门介绍,这里主要谈一下勇于担责。

勇于担责就是敢于承担任务,比其他员工每天多付出一点点。其实你只需要每天多付出一点点,你却会因此得到很多,你的生活以及整个人生都会因此而发生改变。

在工作中,多付出一点劳动,多克制一下情绪,对工作多一点喜欢,对公司的事物多一点关心,对公司的财产和利益多一点爱惜,对公司的文化和各种规定多一点认同,对每天和你相处的同事多一点尊重,少一点惰性,少一点牢骚。因为一个单位上,没有谁喜欢那种懒懒散散、吊儿郎当、牢骚满腹的人。

当你多付出一点,你会发现工作其实是很愉快的事情。有些事情,你不要担心传不到领导耳朵里!一个勇于承担责任的人,领导也乐于把更重要的任务交付于你。

它山之石:

在一个多雨的午后,一位老妇人走进费城一家百货公司,大多数柜台上的人都不理她,但有一位年轻人却问她是否能为她做些什么。当她回答说只是在等雨停时,这位年轻人并没有给她推销她不需要的东西,也没有转身离去,反而拿给她一把椅子。

雨停之后,这位老妇人向这位年轻人说了声谢谢,并向他要了一张名片。几个月后这家店的老板收到一封信,信中要求这位年轻人往苏格兰收取装潢一整座城堡的订单!这封信就是这位老妇人写的,而她正是美国钢铁大王卡内基的母亲。

当这位年轻人打包准备去苏格兰时,他已经升格为这家百货公司的合伙人了。

这位年轻人是不是付出了很多的心血和劳动?不是。他只是比他旁边的人多付出了一些关心和礼貌。但是,再细想一下,他肯定是经常这样做,所以才养成了良好的习惯。记住,我们所说的是"每天"多付出一点点。

(二)熟悉规则,用心做事

要成长为一名优秀员工,另一个重点是要熟悉单位的各项规章制度、企业文化,用心做人、做事。熟悉单位的规章制度、操作规则,才能避免工作失误。要想成为一名优秀的员工,还必须用心,首先要有完成工作的信心。接受任务后,不需要更多的帮助和协助,对上级的嘱托立即采取行动,全心全意想尽办法来完成任务。其次,用心做事。用心做事,就是指用负责务实的精神,去做每一天中的每一件事,不放过工作中每一个细节,并能主动地看透细节背后可能潜在的问题。所以,任何时候,只有用心,才能见微知著。再次,要有乐观积极的心态。优秀的员工都是具有积极思想的人,这样的员工在任何地方都能获得成功;而消极被动对待工作的人,在工作中寻找借口的人,是不会受领导赏识的、企业欢迎的。人们常说态度第一,聪明第二就是这个意思。自身的工作态度和举动,也会影响到大家对你的看法和印象,如果你经常以积极谦虚的态度请教他人,人家必然乐于倾囊相助。

一个人的能力有大小之分,天分有高低之分,悟性有强弱之分,但它决定不了一个人的命运。最重要的是勤能补拙,一分耕耘一分收获。反之,再好的资质,不去磨炼也难成大器,即使小有成就也不会长久。因此,要以积极的心态对待工作,对待学习,对待生活。

(三)注重细节,积极上进

在企业里,员工大部分干的都是"小事""具体事",很多员工因此必须养成注重细节的习惯,这是成为一名优秀员工必须具备的品质。如果不注重细节是很难将工作做到最好的,还可能因小事影响企业大局,即细节决定成败。一个积极上进的人会轻松做到以下一些细节:

(1)一定要有时间观念,不允许上班迟到,下班早退。

(2)不要把请假当成小事,有些人一旦有什么事就马上请假,非常随便,这是一种对公司不负责任的表现。只要能坚持上班,最好不要请假,必须秉持平日认真上班的态度。

(3)见面问声"早上好",是一天工作情绪的开始,是精神充足的保证,更是沟通人际关系、给人留下良好印象的要素。

(4)上班时不要随意离开座位乱串门、办私事,用公司电话谈私事。

(5)和领导谈话、汇报工作或开会时关掉手机,这是有教养的表现。

(6)工作场所一定要保持整洁,一天的工作从工作场所整理和打扫卫生开始。现代企业都采取 6S 管理制度,这里面的学问值得好好学习。

(四)明确目标,追求卓越

一个人如果没有目标,就没有方向感。明确奋斗目标是走向优秀员工的重要方法。在工作上如果没有标准,没有计划而只是按照上司的吩咐,说一句动一下,这样的人是无法获得领导赏识和大家的认可的。有目标是百米赛跑,无目标是饭后散步。每个人必须制定你的工作目标,这是你工作的基础、是根本。

首先应当考虑最终目标、阶段性目标和办法措施三要素。在制订计划时,你追求的是什么呢?以什么目标开展业务活动?都要认真想想这些问题,然后清晰地记录在卡片上,把它真实的记录下来。其次要遵循工作流程,脑子里应该时刻存有工作。要遵循目标,坚持今日事今日毕这一大原则,按照正确的步骤做事,学会消除工作倦怠症。

再次做任何事情都要提前做好充分准备。作为上班族,要想把第二天的工作做好,最好在下班前几分钟制订出第二天的工作计划,如果拖到第二天才制订工作计划,就会占用第二天的时间。而第二天又面临新的工作压力。头一天做好准备工作,可以了解第二天工作可能发生的问题并能采取预防措施。第一天准备第二天的事,每一天的事都为将来做准备,当你做了准备,机会来到你就会抓住,否则,任何机会都不是你的。机会永远都是给有准备的人准备的。

(五)学会感恩,创造佳绩

一个懂得感恩的人才算真正的优秀的人,学会感恩是一名优秀员工成长的开始。

首先要感老板之恩,把公司利益放在第一位。一个人如果不把公司的利益摆在首位,哪怕有再大的能耐,也不会是一名优秀员工。一个时刻只为自己着想的人,是难以取得大成就的,而且最终会被企业抛弃。

一名优秀员工,在工作中无论做什么事情,都要尽量避免浪费和失误,心中要存有问题意识、成本意识。公司里经常看到浪费的事情,比如下班后灯仍亮着、空调大开;打电话时短话长说;出差可坐火车非要找各种理由乘飞机;电脑配备一个部室有那么几台就可以了,非要人手一台;耗材、纸张等使用无节制,凡此种种,不胜枚举。另外,一名优秀员工,一定要时刻心存有品质的意识。所谓品质意识,就是尽最大能力把工作做好,完成标准要求。要把工作品质放在第一位,尤其是在目前竞争激烈的商业社会里,一定要严守公司机密。

其次是感父母、师长之恩。父母之恩,天高海深,做子女的,虽粉身碎骨,难以图报。师长是指老师、师傅、上级、生活及工作中关系密切的长者等。现代社会中,任何人的成长都离不开师长的教育、培养和引导。学生从进入幼儿园、到上小学、中学、大学,又到离开校园,步入社会,进入工作岗位,其行为方式、价值观,其生存能力和事业的成就都受到师长的影响,从某种意义上看,老师对一个人人生价值的影响,并不会低于父母。古人云,"一日为师,终身为父",说的就是这个道理。所以,尊重师长,爱戴师长,感谢报答师长教导之恩,也是一种不可缺少的美德。

当代中职生朋友们,相信你们一定能常怀感恩之心,在竞争激烈又充满希望的职业舞台上展示人生辉煌的篇章!

【拓展阅读】

1.优秀员工的基本特质

(1)积极乐观的态度

(2)没有任何借口

(3)向不可能挑战

(4)勇于承担责任

(5)不只为薪水工作

(6)明确目标,全力以赴

(7)把工作当事业完成

(8)乐意付出,乐意助人

(9)良好的时间管理

(10)主动与人沟通

(11)积极学习,奋发进取

(12)公司利益第一,个人利益第二

(13)和谐的人际关系

(14)遵守准则,用心做事

(15)注重细节,成就完美

(16)团队作战,创新能力强

2.失败员工的表现症状

(1)态度消极

(2)目标不明确

(3)喜欢辩解

(4)人际关系差

(5)工作被动

(6)推卸责任

(7)不爱学习

(8)不求上进

(9)牢骚埋怨多

(10)借口理由多

(11)内向孤僻

(12)团队精神差

3.优秀员工的八大信念

(1)相信付出看得见

(2)过去不等于未来

(3)每天进步一点点

(4)我是一切的根源

(5)我一定会成功

(6)有梦想就一定有希望

(7)没有失败只是暂时停止成功

(8)坚持到底永不放弃

4.优秀员工的十大观念

(1)学习的观念

(2)积极的观念

(3)付出的观念

(4)沟通的观念

(5)敬业的观念

(6)宽容的观念

(7)惜时的观念

(8)自律的观念

(9)快乐的观念

(10)感恩的观念

5.优秀员工十大信条

(1)发挥长处,改进短处,看到他人的短处,反省自己。

(2)工作中最大的问题是防患未然,防止发生意外。

(3)过失不可一犯再犯。

(4)工作中要有朝气,让工作环境洋溢蓬勃生气。

(5)开会讲规矩,不迟到早退,发言要有准备,做好记录。

(6)和谐人际关系,要知道团队力量才是不可战胜的。

(7)时刻不忘给公司提建议。

(8)和同事建立良好的关系,公开场合切勿伤和气。

(9)不要加入小帮派、不要在公司里传闲言。

(10)不要嫁祸他人,不要越级打报告。

【思考题】

1.调查一下当地某汽车制造公司人才招聘、培养、晋升情况。

2.如果你是某企业人事部主管,你如何激励、培养新员工?

【交流与讨论】

(1)模拟签订一份劳动合同书。

(2)调查当地企业或公司 2009 年优秀员工。

第四篇

创业——中职生就业新天地

【引言】在中等职业教育的就业指导中流行这样一句话"先实习后就业,先就业后择业再创业",这就揭示中职生在谋取职业的过程中,应该在实践中逐步提升自己的发展期待。在实习中成长,在就业中生存,在择业中调整,在创业中发展,这个过程就是中职生职业生涯发展的方向。创业对中职生来说极具挑战,也对中职生是严峻的考验,它将引领中职生进入一个全新的领域。什么是创业,创业和就业有何区别;自主创业应具备的什么素质、条件、能力;自主创业需要做哪些准备,办理哪些相关手续,掌握哪些相关政策法规等,这对将来准备创业的中职生至关重要。中职生要顺利进入就业新天地一创业,学习创业的相关知识就显得尤为关键。

第一单元　创业概述

【引例】

就业与创业的感悟

　　王明和刘东职高毕业后结伴到都市求职。他们揣着毕业证书东奔西跑,碰了不少壁,但最终都找到一份差强人意的工作:王明是学经济的,被安排在某公司搞文字工作;刘东是学电脑的,被老板任命为专职打字员。王明比较满意。工作较轻松,薪水也可以,就是有些想家。而刘东却不太安稳,干了一段时间,他烦了,觉得青春正在被耗费,就写了份辞呈给老板。此时王明稳坐办公室,刘东又满街找工作。近一年时间,刘东先后换了五份工作。而王明也曾因公司效益下滑,被裁员后,又换了一份相似的工作。大家的日子在这个世界中,像小溪一样流淌,波澜不惊。新的一年到来了。刘东又不干了,他的满腔热情一直在涌动,却又找不到宣泄的出口,他无法安心。于是他思前想后,终于狠下决心:离开繁华都市,回到贫瘠的家乡——大西北,因为他想创业。而此时的王明,守着第二份工作,勤勤恳恳,不慌不忙,心安理得。市场经济,大浪淘沙。

　　四年后,王明所在的公司已不复存在,他失业了。为重新就业,他到处寻找新的工作,而且觉得新工作一定要比上次好。他满街跑啊找啊,一个月过去了,还没有着落……一个黄昏,两位老同学在街头不期而遇,他们死盯着对方大吃一惊,继而紧紧拥抱,手拉手,走进小饭馆。刘东听说王明的遭遇,很惋惜:“怎么就一直不得安定呢?去我们大西北干如何?我的电子公司发展不错,与全国许多城市业务往来频繁!”刘东抓着王明的手热切地说:“别一次又一次地就业、就业呐!我们一起创业吧,把命运攥在自己手里!”王明深深地看了刘东一眼,“创业”这个词首次打动了他,因为他以前从未思考过“创业”与“就业”在概念和实质上的差别。

【点评】王明和刘东的就业、创业经历,很清晰地诠释了“就业”和“创业”这两个概念。说明“就业”就是在已有的岗位上谋取职业;“创业”就是以开创一个岗位或更多的岗位为职业,通过努力工作使之发展下去。中职生由于各种原因的限制,一定要遵循“实习—就业—择业—创业”或“实习—择业—创业”的基本原则,这也表明中职生需要在就业中不断调整自己,逐步找到适合自己的发展目标。

【想一想】中职生毕业后如何面对就业？如何在不断的就业中调整自己？如何让自己学有所成、学有所用，充分发挥自身优势，抓住机遇，拓展自己的一片事业天地？创业究竟是怎么一回事？由于中职生受到年龄、知识、经历、阅历、资金、人际关系等制约，加之刚刚进入社会，很容易让自己多种梦想破灭。全面掌握了解什么是创业，创业之前需要做什么准备，创业过程都包含了哪些因素，创业应该具备什么素质，这对自主创业具有指导性作用。

一、创业的概念、过程及要素

(一)创业的含义

"创"有创造、创立、创建等意；"业"有事业、家业、企业等意。那么创业就是创立家业、企业、事业。简言之中职生的创业，就是中职生自己创办企业或从事个体经营。

创业有狭义和广义之分。狭义的创业是专指社会上的个人或群体从一个起点从头开始，为了自己的生存与发展投资兴办经济实体，并获得经济效益和社会效益的实践过程；广义的创业就是开创一番新的事业，是指创造新的事业的过程，即在社会经济生活中，通过创造、创新和创意，开拓一个新的领域，开始一项全新的事业，做一种前所未有的工作。

(二)创业的过程

对于中职生来说，我们探讨的创业是狭义的创业。创业这种活动对于相当大的一部分人来说，是从未经历过的事情，因而它具有相对的开拓性。任何层次的创业都是创业者通过风险和识别商业机会，组织各种资源，提供产品或服务以创造价值的过程。可见创造新的事业的过程就是创业。作为中职生，必须清楚地认识到创业既是一种就业、择业模式，也是一种自我发展的提升。

(三)创业的要素

创业的要素包括：创业者、商业机会、组织、资源。

(1)创业者(创业主体)：即创业的个体或团队。创业的成功和失败，一个好的创意能否实现其价值，资源是否能够得到充分利用，往往取决于创业者的素质和经验。中职生由于知识阅历、年龄经历、经验资金等局限，个体自主创业比较多，比如开个小型的饰品店、花店、幼儿园、电器维修店等，这也比较符合中职生的实际情况。

(2)商业机会：就是由当前服务于市场的企业留下的市场缺口，它意味着顾客能得到比当前更好的产品和服务。比如在快节奏工作和生活的现代社会，为了解决人们快速简单的用餐，各种快餐应运而生。从国外引进的"麦当劳""肯德基"到本土的

"乡村基""街客",成为方便实惠快餐、饮料的领军行业,在一些商业街非常火暴。商业就是创业机会,而利用这种商机,是创业者进行创业的主要驱动力量。利用商业机会并将其转化为价值的过程就是创业的过程。

创业需要机会,机会具有可利用性、永恒性和适时性三个特点:

①机会的可利用性是指机会对于创业者具有的价值。创业者可以利用它为他人和自己谋取福利。

②机会的永恒性是指机会永远存在,看你能否发现和识别。变化的环境、经济转型、国家及各地区政府相应的政策出台、相关市场机制不完善,信息不对称,市场空白等,都孕育着无限的商机。

③机会的适时性是指一个机会转瞬即逝。如果不及时抓住,就可能永远错过,因此及时的发现、识别并抓住有价值的创业机会,是成功创业的第一步。

(3)组织:就是协调创业活动的系统,是创业的载体,创业活动是在组织之中进行的,离开了组织,创业活动就无法协调,创业的资源就无法整合,创业者的领导作用就无从谈起。

创业者组织的显著特征是创业者强有力的领导和规范正式的结构和制度,在许多方面他们还不成熟,但这并不构成成长的障碍,他们接受新事物快,并能迅速地对变化做出反应,在此过程之中他们得以发展壮大和走向成熟。

(4)资源:就是组织之中的各种投入。包括人力、物力、财力、环境。资源包括有形资产和无形资产,如品牌、专利、企业声誉、人际关系等,所有这些资源都可以用来投资。创业者的关键职能之一就是吸引这些投资,将其转化为市场需要的产品和服务,实现商业机会的价值。

二、创业者应具备的基本素质

创业是极具挑战性的社会活动,是对创业者自身智慧、能力、气魄、胆识的全方位考验。一个人要想获得创业的成功,必须具备基本的创业素质,而这些素质对中职生的创业尤为重要。创业者的基本素质包括创业意识、创业心理品质、创业精神、竞争意识、创业能力等。

(一)强烈的创业意识

要想取得创业的成功,创业者必须具备自我实现、追求成功的强烈的创业意识。

强烈的创业意识可以帮助创业者克服创业道路上的各种艰难险阻,将创业目标作为自己的人生奋斗目标。创业的成功是思想上长期准备的结果,事业的成功总是属于有思想准备的人,也属于有创业意识的人。

它山之石：

"励志照亮人生,创业改变命运。我是王利芬。"在娱乐节目充斥电视荧屏的当今,这档名叫《赢在中国》的节目,每年吸引着几十万怀揣创业梦想的选手。如果说《超级女生》让歌坛增加了新鲜血液的话,《赢在中国》所制造的却是巨大的财富和精神力量,它让许多看到节目的人相信,你可以成为这个时代的英雄。它不单单是创业者的游戏,也是一次全民学习做人做事,学习营销的大课堂。要想改变自己,你需要的是创业和励志!

"干事业,首先是要有想法和点子,有了创业的思想,才会有行动,才会在行动中取得成果。"任何创业都没有现成的固定模式,只有通过自己不断的实践与摸索,才能找到创业成功的路子。在当今的市场经济条件下,机遇与挑战并存。虽然,创业不是人人能做到的。但是,在就业严峻的形势下,中职学生必须树立创业意识,有了创业的意识,标志着创业实践活动就要开始了。而创业兴趣又能激发创业者的深厚感情和坚强意志,使创业意识得到进一步升华。

超级连接：

某职校电子专业毕业生王晓强,由于具有创业意识,创业有道,刚满20岁,就成为一个拥有十多万元资产的小"老板",成为很多中职生崇拜的偶像。走上就业之路的王晓强立志创业,优厚的工资并没让他感到满足,短短两年时间,他一边工作,一边如饥似渴地学习行业新知识,寻找利用自身技术发展的创业空间。功夫不负有心人,2003年7月,他在负责营业厅终端产品销售及移动业务工作的同时,在自己的家乡创办了一家通信器材销售门市,当起了小老板。

(二)良好的创业心理品质

创业之路,是充满艰险与曲折的。自主创业就等于是一个人去面对变化莫测的激烈竞争及随时出现的需要迅速正确解决的问题和矛盾,这需要创业者具有非常强的心理调控能力和承受各种压力的能力,能够持续保持一种积极、沉稳的心态,即有良好的创业心理品质。它与人固有的气质、性格有密切的关系,主要体现在人的独立性、敢为性、坚韧性、克制性、适应性、合作性等方面,它反映了创业者的意志和情感。创业的成功在很大程度上取决于创业者的创业心理品质。所以,如果不具备良好的心理素质、坚韧的意志,一遇挫折就垂头丧气,一蹶不振,那么创业是不会取得成功的。只有具备处变不惊的良好心理素质和愈挫愈强的顽强意志,才能在创业的道路上自强不息、竞争进取、闯出属于自己的一番事业。

(三)自信、自强、自主、自立的创业精神

自信就是对自己充满信心。自信心能赋予人主动积极的人生态度和进取精神。要成为一名成功的创业者,必须坚持不依赖、不等待,拥有使命感和责任感,信念坚定,顽强拼搏,直到成功。

自强就是在自信的基础上,不贪图眼前的利益,考虑问题从长远入手,敢于实践,不断增长自己各方面的能力与才干,勇于向自己挑战,使自己逐渐成为生活与事业的强者。

自主就是具有独立的人格,具有独立性思维能力,具有远见、不受传统和世俗偏见的束缚,不受舆论和环境的影响,能自己选择自己的道路,善于设计和规划自己的未来,并采取相应的行动。

自立就是凭自己的智慧和才能去努力和奋斗,持之以恒、坚忍不拔,不断夯实自己生活和事业的基础。

(四)竞争意识

竞争是市场经济最重要的特征之一,是企业赖以生存和发展的基础,也是一个人立足社会不可缺乏的一种精神。人生即竞争,竞争的目的就是取胜。随着我国社会主义市场经济从低级向高级发展,竞争愈来愈激烈。因此,创业者如果缺乏竞争意识,实际上就等于放弃了自己的生存权利。创业者只有敢于竞争,善于竞争,才能取得成功。

(五)全面的创业能力素质

创业能力是一种特殊的能力,这种特殊能力往往影响创业活动的效率和创业的成功。创业能力包括决策能力、经营管理能力、专业技术能力与交往协调能力组成。

1.决策能力

决策能力是创业者根据主客观条件,因地制宜,正确地确定创业的发展方向、目标、战略以及具体选择实施方案的能力。决策是一个人综合能力的表现,一个创业者首先要成为一个决策者。创业者的决策能力通常包括:分析、判断能力和创新能力。中职生要创业,就要从众多的创业目标以及方向中进行分析比较,选择最适合发挥自己特长与优势的创业方向和途径、方法。

超级连接：

重庆某职校机电一体化专业学生颜克东毕业后在广东省中山市南下微特电机有限公司从事技术工作,优美的环境、满意的岗位、不菲待遇并没让他感到满足。工作之余,他坚持自修,大量阅读《家用电气维修》《演讲与口才》《营销实例》等书籍,不断充实自己的专业知识,提高自己的经营能力。两年后,他决定创办个体经营,通过一番详细的实地考察,他利用自己积累的资金、经验、技术,在家人的支持下,联合两名同学,加盟到北京东方朗浩技术有限公司,在家乡县城成立了朗浩清洁连锁公司,聘用了7名专业家庭保洁人员,从事家用电器和居室保洁服务工作。

2.经营管理能力

这种能力对中职生来说有一定的难度。经营管理能力是指对人员、资金的管理能力。它涉及人员的选择、使用、组合和优化;也涉及资金聚集、核算、分配、使用、流动。经营管理能力是较高层次的综合能力,也是运筹性能力。经营管理能力的形成要从学会经营、学会管理、学会用人、学会理财几个方面去努力。

(1)学会经营。创业者一旦确定了创业目标,就要组织实施,为了在激烈的市场竞争中取得优势,必须学会经营。

(2)学会管理。要学会质量管理,要始终坚持质量第一的原则。质量不仅是生产物质产品的生命,也是从事服务业和其他行业的生命,创业者必须严格树立牢固的质量观。要学会效益管理,要始终坚持效益最佳原则,效益最佳是创业的终极目标。可以说,无效益的管理是失败的管理,无效益的创业是失败的创业。要做到效益最佳是要求在创业活动中人、物、资金、场地、时间的使用,都要选择最佳方案运作。做到不闲人员和资金、不空设备和场地、不浪费原料和材料,使创业活动有条不紊的运转。学会管理还要敢于负责,创业者要对本企业、员工、消费者、顾客以及对整个社会都抱有高度的责任感。

(3)学会用人。市场经济的竞争是人才的竞争,谁拥有人才,谁就拥有市场、拥有顾客。一个学校没有品学兼优的教师,这个学校必然办不好,一个企业没有优秀的管理人才、技术人才,这个企业就不会有好的经济效益和社会效益,一个创业者不吸纳德才兼备、志同道合的人共创事业,创业就难以成功。因此,必须学会用人。要善于吸纳比自己强或有某种专长的人共同创业。

(4)学会理财。学会理财(首先)要学会开源节流。开源就是培植财源,在创业过程中除了抓好主要项目创收外,还要注意广辟资金来源。节流就是节省不必要的开支、树立节约每一滴水、每一度电的思想。大凡百万富翁、亿万富翁都是从几百元、几千元起家的,都经历了聚少成多、勤俭节约的历程。总之,创业者心中时刻装有一把算盘,每做一件事、每用一笔钱,都要掂量一下是否有利于事业的发展,有没有效益,会不会使资金增值,这样,才能理好财。

(5)要讲诚信。就创业者个人而言,诚信乃立身之本。诚信,就是要言出必行、要讲质量、要以诚信动人。

3.专业技术能力

专业技术能力是创业者掌握和运用专业知识进行专业生产的能力。专业技术能力的形成具有很强的实践性,中职生相对于高学历的人来说,虽然具有较强的动手能力,但理论知识和操作能力都还很浅。这就要求中职生明确,许多专业知识和专业技巧要在实践中摸索,并逐步提高、发展和完善。对于书本上介绍过的知识和经验在加深理解的基础上予以提高、拓宽;对于书本上没有介绍过的知识和经验要探索,在探索的过程中要详细记录、认真分析,进行总结、归纳,上升为理论,形成自己的经验特色,积累起来。只有这样,专业技术能力才会不断提高。

4.交往协调能力

交往协调能力是指能够妥善地处理与公众(政府部门、新闻媒体、客户等)之间的关系,以及能够协调下属各个部门成员之间关系的能力。创业者应该做到妥当的处理与外界的关系,尤其要争取政府部门、工商以及税务部门的支持与理解,同时要善于团结一切可以团结的人,求同存异共同协调地发展,善于巧妙地将原则性和灵活性结合起来。总之,创业者搞好内外团结,处理好人际关系,才能建立一个有利于自己创业的和谐环境,为成功创业打好基础。

中职生创业之初交往协调能力是比较欠缺的。交往协调能力在书本上是学不到的,它实际上是一种社会实践能力,需要在实践活动中学习,不断积累总结经验。交往协调能力并不是天生的,也不会在学校里就形成了,而是走向社会后慢慢积累社会经验,逐步学习社会知识而形成的,并在社会实践活动中不断提高。

5.创新能力

创新是知识经济的主旋律,是企业化解外界风险和取得竞争优势的有效途径,创新能力是创业能力素质的重要组成部分。它包括两方面的含义:一是大脑活动的能力,即创造性思维、创造性想象、独立性思维和捕捉灵感的能力;二是创新实践的能力,即人在创新活动中完成创新任务的具体工作的能力。

创新能力是一种综合能力,具有广博的知识、扎实的专业基础知识、熟练的专业技能、丰富的实践经验、良好心态的人容易形成创新能力,它取决于创新意识、智力、创造性思维和创造性想象等。

上述5个方面的基本素质中,每一项基本素质均有其独特的地位与功能,任何一个要素都会影响其他要素的形成和发展，影响其他要素的功能和作用的发挥，乃至影响创业的成功。

三、个人创业应具备的条件

创业对每一个中职生来说，都是一种挑战，所要面临的状况和经历的过程是十分严峻的。个人创业不仅要求较高的综合素质，还需具备一些基本条件：

(1)充分的资源：包括人力、物力和财力。创业者要具备学历、充分的经验、流动资金、人脉关系、时间、精神和毅力等；

(2)可行的概念：生意概念不怕旧，最重要的是可行，有长久性、可以继续开发、扩展；

(3)适当的基本技能：不是行业中的一般技能，而是通常性的企业管理技能；

(4)有关行业的知识：不能只陶醉于自己的理想；

(5)才智：创业者不一定要有高智商，但要善于把握时机去作出明确的决定；

(6)人际网络和关系：创业者需要有人帮助和支持，不断扩大朋友网络和搞好人际关系会带来不少方便；

(7)确定的目标：选择好自己能够驾驭又适合的创业项目。

【思考题】

1.创业应包含哪些基本要素？

2.中职生创业应具备哪些基本素质和条件？

【拓展训练】

活动1：职业能力评估

本次活动的目的是分析自身能力和目标职位的匹配性。为了检视学生自己对职业的认识，以及学生自己所具备的能力与理想工作所应具备的能力，请试着根据目前的职业目标，选定一项工作或职位，然后查阅相关资料，试着回答下表中的问题。(工作所需具备的及自己已具备的能力两部分，确定的打√，不确定或不知道的打△，不需要或自己缺乏此能力的打×)

工作职位名称	工作所需具备的能力	自己已具备的能力	整体心得感悟
	☐1.文字能力	☐1.文字能力	
	☐2.表达能力	☐2.表达能力	
	☐3.沟通协调能力	☐3.沟通协调能力	
	☐4.领导能力	☐4.领导能力	
	☐5.专业能力	☐5.专业能力	
	☐6.办公软件操作能力	☐6.办公软件操作能力	
	☐7.行销能力	☐7.行销能力	
	☐8.会计能力	☐8.会计能力	
	☐9.机械操作能力	☐9.机械操作能力	
	☐10.法律知识	☐10.法律知识	
	☐11.判断力	☐11.判断力	
	☐12.创造力	☐12.创造力	
	☐13.直觉与敏感度	☐13.直觉与敏感度	
	☐14.其他重要专业知识	☐14.其他重要专业知识	

活动 2:我是谁?

请仔细思考并填写以下表格:

姓名:＿＿＿＿＿＿＿　　填写日期:＿＿＿年＿＿＿月＿＿＿日

性别:＿＿＿＿＿＿＿　　出生日期:＿＿＿年＿＿＿月＿＿＿日

身高:＿＿＿＿＿＿＿　　体重:＿＿＿＿＿＿＿

就读院校:＿＿＿＿＿＿＿＿＿＿＿＿　　专业:＿＿＿＿＿＿＿＿＿＿＿＿＿

现在的我:(请用不少于50个字的语言描述自己,尤其是兴趣、爱好等。)

＿＿＿＿＿＿＿＿＿＿＿＿＿＿＿＿＿＿＿＿＿＿＿＿＿＿＿＿＿＿＿＿＿＿＿＿＿

＿＿＿＿＿＿＿＿＿＿＿＿＿＿＿＿＿＿＿＿＿＿＿＿＿＿＿＿＿＿＿＿＿＿＿＿＿

＿＿＿＿＿＿＿＿＿＿＿＿＿＿＿＿＿＿＿＿＿＿＿＿＿＿＿＿＿＿＿＿＿＿＿＿＿

我的经历:(请用不少于50个字的语言描述自己与众不同的经历或者经验。)

＿＿＿＿＿＿＿＿＿＿＿＿＿＿＿＿＿＿＿＿＿＿＿＿＿＿＿＿＿＿＿＿＿＿＿＿＿

＿＿＿＿＿＿＿＿＿＿＿＿＿＿＿＿＿＿＿＿＿＿＿＿＿＿＿＿＿＿＿＿＿＿＿＿＿

＿＿＿＿＿＿＿＿＿＿＿＿＿＿＿＿＿＿＿＿＿＿＿＿＿＿＿＿＿＿＿＿＿＿＿＿＿

＿＿＿＿＿＿＿＿＿＿＿＿＿＿＿＿＿＿＿＿＿＿＿＿＿＿＿＿＿＿＿＿＿＿＿＿＿

明天的我:(请描述一下现在对自己将来的期望,明确提出自己的职业方向)

_____

_____

_____

我的环境(请从家庭、父母、亲友及社会几个方面来分析自己的境况,并摘选出有待于将来发展的方面)

_____

_____

_____

自身条件与职业需求的差距

_____

_____

_____

活动3:我的职业规划

请仔细思考并完成以下问题:

(1)发展阶段(请按短期、中期、长期几个角度来规划)。

(2)实现措施(注意:一定要落在实际的行动上,用明确的语言表达出自己将在何时采取何行为以达到何目标,可参考以下表格)。

阶段 \ 项目	短期目标	中期目标	长期目标
时　间			
内　容			
实施措施			

活动4:测测自己拥有的品质

(1)优良品质的发扬与培养

一般来说,具有影响力的品质包括以下方面,请你对照一下,你已具备了以下哪些品质?在方格里打上钩,看看你拥有的优良品质有多少?你想在哪一方面做得更好?把你的想法告诉周围的人,也同时了解他们的想法,欣赏他们所拥有的品质。

勇敢	☐	温柔	☐	进取	☐
整洁	☐	果断	☐	帮助他人	☐
自信	☐	情感丰富	☐	有远见	☐
善于表达	☐	有组织力	☐	有耐心	☐
独立	☐	勤奋	☐	坚强	
体贴	☐	敢冒风险	☐	有爱心	☐
英明	☐	善于倾听	☐	有分析力	☐
照顾家庭	☐	乐观	☐	喜欢小孩	☐
主动	☐	适度服从	☐	有理想	☐
善良	☐	幽默	☐	慷慨	☐
忠诚	☐	有品位	☐		

(2)你对以上的哪几点品质理解最深?

① _____

② _____

③ _____

第二单元　自主创业

【引例】

今日勤耕耘,他日花更香

　　1999年高欣欣结束了北京台湾饭店实习,怀揣着一大摞各类奖状、证书毕业了,她选择了留在北京发展。作为一名旅游管理专业中职生,要想在首都立住脚,找到一份满意的工作并不容易,满街都是北漂的大学生,就业的压力可想而知。可高欣欣喜欢这样的挑战,她有足够的底气和大学生们竞争一样的岗位。凭着一股子闯劲,高欣欣在北京海岸航空服务有限公司找到了第一份工作——做旅游团队机票销售工作。天性活跃的她一进公司,就展现出中职生的多才多艺:演讲比赛,她获得一等奖;辩论比赛,她获得最佳辩手;高欣欣迅速地成长起来,很快就成为了公司的骨干力量。一年后高欣欣却开始思考自己的发展方向。销售工作不是她的梦想,于是她辞职了,准备尝试其他工作。很快,高欣欣又轻松地应聘到北京锡华海景酒店做客务部经理秘书,在工作中高欣欣逐渐成熟起来。秘书工作的复杂、繁琐让高欣欣渐渐体会到稳重,学会了内敛,学会了理性地面对社会。第一年她便以勤奋、踏实的工作被评为锡华酒店的优秀员工。对此高欣欣没有满足,她报名继续读书,2003年取得了北京城市学院计算机应用与管理的大专文凭。

　　又过了三年,高欣欣再一次开始思考自己的发展之路。"用自己的能力创出属于自己的天地"这个想法在高欣欣的心中酝酿、升腾,她决定自己创业,但究竟走一条什么样的路呢? 她反复思考意识到:创业必须先入行,特别是要选择自己熟悉的行业,容易做的行业。经过两个月的市场调查,高欣欣决定从事快餐行业。2003年,"川亚快车西式快餐"在北京鼎好大厦开张了。高欣欣用这些年的工作积蓄,再加上借来的两万元,开始了自己的自主创业之路。开业之初,管理、财务、服务工作都得自己做,繁重的工作让高欣欣深刻领会到"起早贪黑"的含义,饱尝了创业的艰辛。

　　开店以后,高欣欣遇到了各种困难,既要保证饭菜质量,又要控制成本开支;既要严格管理员工,又要稳定员工队伍;既要管理好餐厅内部,又要应对好各个管理部门。一切的困扰与麻烦,高欣欣都从容应付。在将近半年的苦心经营后,快餐店有了固定的客流量,生意开始红火起来。因为诚信守法,"川亚快车西式快餐"被评为年度先进个体工商户。

随着北京城市的建设发展,2005年底,高欣欣苦心经营的快餐店就要拆迁了。喜爱挑战的高欣欣决定转向经营,尝试不同的经营方式。她知道奋斗是创业的根本,想闯出一条新路,必须付出比别人更多的艰辛、努力,才能实现人生的辉煌。这一次,高欣欣与同学合开了一家"阿珈异域风情精品服饰店"。风格小店逐渐打响,受到越来越多喜欢个性的顾客青睐,口口相传,慕名而来的顾客也越来越多,独树一帜的小店被《北京青年报》收编到了《京城精致小店》专题栏目。面对生意红火的小店,高欣欣却没有停下前进的脚步。在经营之余,她又给自己充电,2006年她又取得了北京工商学院经济管理本科文凭,同时考取了国际瑜伽教练证书。目前,她创办的"梵希家庭瑜伽工作室"的运转很好,她又当起了教练。

现在的高欣欣已经在北京通州买了房,安了家,做起了幸福妈妈,可她仍旧忙碌着。由于她具有亲和力,尽量为顾客提供方便,她的"梵希家庭瑜伽工作室"就有了稳定的收入。

【点评】中职毕业的起点,并不代表终点的不理想,高欣欣凭着意志和才华超越了自己。她艰难地走了许多年,她付出得太多太多,才取得了今天的成就,她是中职生的骄傲。

高欣欣的创业故事成功演绎了中职生"实习—就业—择业—创业"的就业之路,诠释了什么是生存中的就业与发展自身的艰辛创业的内涵。社会实践的磨砺,使高欣欣明确了自己的发展方向,她在就业中调整自己,发现自己的未来目标,勇敢地选择自主创业,并在创业中不断提升完善自己,充分表明中职生的创业也很精彩。

高欣欣成为中职生创业佼佼者。她的创业经历,深刻表明中职生在就业和创业中,必须具备坚韧的精神,必须在实践中加强学习,使自己跟得上社会发展的步伐;充分体现中职生不轻言放弃,敢于在市场激烈的竞争中搏击的青春风采。

【想一想】中职生毕业后应该怎样对待每一次就业,在就业中又该怎样择业,每一次择业是否应该具有明确的目标;中职生在尝试创业中应做好什么准备,中职生创业应从哪些行业考虑,自主创业都有哪些步骤?

一、中职生自主创业的环境与现状、条件分析和准备

中职生毕业后选择了自主创业就必须做好各种准备工作,对所选择的项目进行广泛的综合调研,准备越充分成功的可能性就越大。对中职生而言创业准备就是要分析自己创业的现状、环境及条件,做好创业的准备。

（一）中职生创业的环境、现状、条件分析

国家劳动和社会保障部、国际劳工组织在2005年4月提供的一份调查显示："中国是世界上创业活动最活跃的地区之一，每100人中就有12.3人在创业。然而，我国小企业创业成功率却低于世界平均水平。"就调查数据看，我国中职生创业的人数更低，仅在千分之一左右徘徊。为什么会出现这种情况，我们从以下几方面来分析。

1.环境分析

任何一种创业活动都是在一定环境所提供的各种条件下进行的。没有创业环境，一切创业活动就无从进行。无论是从事个体经营，还是创办私营企业，都必须在国家的一个大环境中进行。因此，应当了解国家当前的经济状况，把握国家对经济状况采取的系列应对措施和政策取向，掌握国家对中职生自主创业的一些优惠政策。

环境分析包括宏观环境分析和微观环境分析。宏观环境就是社会文化环境、政治环境、法律环境、技术环境和自然环境等因素的综合。微观环境就是创业者在创业活动中面临的行业竞争环境、市场需求的状况和产品价格状况等。

近年来，国务院和各级地方政府纷纷出台了一些鼓励大中专生自主创业的政策，如建立自主创业政策扶持体系：设立创业专项资金、实行税收优惠政策、实行收费减免政策、完善小额担保贷款政策、招商引资优惠政策；建立自主创业教育服务体系：开展创业教育、创业技能培训、建立创业服务机构、培育创业孵化基地；建立健全促进大中专学生自主创业的组织保障体系等等，为大中专生的自主创业创造了良好的条件。

2.现状分析

中职毕业生年龄都在20岁左右，这个年龄阶段各方面能力正在逐步形成之中。对自身现状的优劣势进行客观、冷静的分析，使自己创业之初走稳、走好、走顺畅。

（1）优势：首先，中职生接受了与经济社会发展有密切联系的职业教育，专业定向明确、具体，学习的课程既具有专业性，面向某一职业群，优于只接受过基础教育的年轻人，又具有实践性，强调动手能力，优于侧重理论学习的本科生；其次，职业教育强调能力本位意识的培养，中职生不但学习内容针对性强，具有一技之长，而且熟悉相应行业的职业道德和职业能力要求，在校学习期间已经为适应这一行业付出了许多努力，在熟悉行业，适应行业的基础上创业，成功的几率就大得多；再次，近年来，国家对中等职业教育十分重视，在资金上给予很大的倾斜和扶持，并出台了系列优惠政策,鼓励中职生毕业后自主创业;最后,中职毕业生刚刚告别校园进入社会,对社会充满期待,期望值相对大学生也要低一些,动手能力较强,具有热情和冲劲,更显"初生牛犊不怕虎"态势,这是创业者一种很重要的素质。

(2)不足:中职毕业生这个层面,对市场人才需求来讲,还处于初级向中级靠近的位置;理论知识比较欠缺,涉世又不深,对市场竞争、社会责任、行业前景、受挫能力等认识不够全面,人际资源网络还没有形成,缺乏理性的思考和判断,容易出现心血来潮的冲动。

3.创业条件分析

创业主体和创业机会就是创业条件。

(1)创业主体条件分析,主要包括个人条件、团队条件和社会关系的情况分析。也就是对"个人创业应具备的条件"进行分析。创业初期创业主体需要社会关系等一切有利的因素,需要得到各方面的帮助支持才能发展。

(2)创业机会分析:主要是进行市场调查和风险分析。包括创业经营选项的顾客定位、市场容量、发展趋势、竞争对手、地点选择等。同时还要预测风险,风险来自各个方面,有市场风险,有执行过程中的风险等,要根据不同风险拟定不同的实施方案。

创业机会的市场因素评估准则:①具有特定的市场定位。②柔性的市场结构。③适宜的市场规模。④强大的市场渗透力。⑤具有一定的市场占有率,一般应为20%以上。⑥合理的产品成本结构。

创业机会的效益因素评估准则:①合理的税后净利,应在15%以上。②达到损益平衡所需的时间, 以两年内为佳。③有25%以上的投资回报率。④毛利率不低于25%,理想的毛利率是40%。⑤有投资者退出机制与策略。

由此可见,认真分析中职生创业的环境、现状和条件对创业之初至关重要。

(二)中职生创业的准备

中职生创业要在各个方面作好充分的准备。包括:创业意识、品德准备、知识准备、能力准备、身心准备、政策准备、资金筹集、创业模式等的准备。

(1)创业意识:创业动机、创业兴趣、创业理想。就是要弄清楚自己为什么创业;自己喜欢什么、擅长什么;自己的创业要达到什么目标。

(2)品德准备:政商和德商。政商——政治思想素质;德商——经商道德素质。

(3)知识准备:创业知识、专业知识、基础知识。自己对创业程序、相关政策的了解;全面收集和掌握自己创业项目所需求的信息及情况;学习与创业项目相关的综合知识。

(4)能力准备:创业能力、专业能力、基础能力。是否具备创业所需的吃苦耐劳、坚韧不拔;自己的专业技能对创业目标的作用;创业过程中还需要人际交往、沟通、协调等基础综合能力。

5.身心准备:身体素质、心理素质。健康的身体对创业至关重要;情商——心理素质:自信、意志、胆量、激情及受挫能力。

6.政策准备:国家优惠政策、地方政府优惠政策、中职生创业优惠政策。

7.资金筹集:自己储蓄、亲朋好友帮助、贷款、风险投资。

二、中职生自主创业的实施步骤

改革开放30多年,我国已形成多种经济形势共同发展的经济体制,非公有制经济在就业结构中凸显主渠道地位。目前国家为大中专学生自主创业、开办个体私营企业提供了良好的环境。各级政府职能部门也大开方便之门,工商管理部门简化手续,提供高效服务,税务部门推行的减免税政策,都有利于个体、私营经济的发展。只要具备足够的资金,选择好经营项目和地点,均可以自谋职业和自主创业。

(一)掌握有关政策

为了鼓励大中专毕业生自谋职业、自主创业,国家制定颁布了一系列的政策法规,引导个体经济的健康发展。如果中职生决定自主创业,走个体经营之路,就应该系统地认真学习我国现行的有关个体经营的工商管理,税务登记、劳动保障、安全保险、金融信贷、商标注册、行业管理、广告发行、食品卫生等政策和法律法规。

(二)确定创业构思,选择经营项目

1.创业构思的确定

创业构思是创业活动的重要环节,是确定创业目标的基础,它来源于创业者在实践中对客观存在的观察与思考。媒体可以为创业者提供大量的信息,创业者借此对市场进行周密调研,把握市场机遇,形成创业构思。国家为了重点发展某些行业,可能会出台系列优惠政策,创业者也可以利用这些优惠政策来进行创业构思。

同时准备从事个体经营活动的创业者,应根据自身的专业特长和所在地区的实际情况,选择当地群众急需而又紧缺的行业。个体经营活动有优势,如规模比较小,具有较强的灵活性和适应能力、形式多样、主动性强,能够根据市场变化及时调节经营品种和规模,可以随时转换经营项目,以适应市场的需要。但是个体经营也有自己的不足,如资金有限,规模效益差、专业技术人员少、产业化、系列化经营比较缓慢等。中职生在自谋职业或创业时,必须认真审视自己的优劣势,并善于发挥自己的优势,扬长避短,正确选择经营项目,确保个体经营的生存和发展。

当创业机会窗口打开时,是否做出创业决定,则还要看创业时机是否成熟。通常用对如下问题的肯定来作为检测创业时机已经成熟的参考。

(1)你是否具有一个振奋人心的远景?即创业者自愿承担风险、乘风破浪驶向事业的目标远景。

(2)你是否具有强烈的创业雄心?

(3)你是否勇于承诺,愿意承担风险、吃苦耐劳?

(4)你是否看到一个具有潜力的市场机会?

(5)你是否能提出一个明确可行且能够结合市场的创业构想?

(6)你是否能制定出一个能够创造利润的创新经营模式?

(7)你是否拥有足以判断产业相关技术与产品发展的专业能力?

(8)你是否拥有足以经营管理一个新生企业发展的经验与能力?

(9)你是否拥有足以带领团队前进的领导与沟通能力?

(10)你是否拥有能协助企业取得各项必要资源网络关系的能力?

2.选择经营项目——自己可以掌控

(1)选择原则:熟悉、小型、资金回收较快、市场第一;

(2)地址选择:①实体店——目标客户多、周围社会治安情况、学校附近;②网店——以个人或团队去开;

(3)巧取店名:①由四部分组成:行政区划;字号;经营类型;组织形式;②字号:企业名称中最显著的部分是字号,最有价值的也是字号。字号必须由两个以上的汉字组成,最低不得少于两个,上线没有限制,可以是三个汉字,也可以是五个汉字。③字号确定技巧,注意事项:给人正确印象,为员工喜欢和接受;尽量避免字母和数字,莫要"鹦鹉学舌";不要过于专业化;要适合目标公众的口味;

(4)招工技巧:①招聘计划、待遇;②招聘方式:店前广告、人才市场、媒体;

(5)营销技巧:免费品尝、打折、传单、媒体;

(6)选择开业时间:吉利日、节假日、其他特殊日子;

(三)资金筹集

自己储蓄、亲朋好友帮助、贷款、风险投资

(四)注册登记和税务登记

1.注册登记

申请开办、申请开业、领取营业执照;

(1)申请开办。申请开办就是取得有关主管部门的批准。根据规定,成立新企业,必须由各级主管部门进行审核,按业务性质分别向经贸、金融、科技、建筑、旅游、服务、文教卫生等行业归口部门或

体改委(办)和计经委提出申请。从事一些专门经营的企业还必须取得有关部门的认可和批准。如从事食品生产和销售的企业,还必须得到当地卫生部门的认可。

(2)申请开业登记。在申请开办获得批准后,即可申请开业登记。根据有关规定,应在主管部门或者审批机关批准后 30 日内,向登记主管机关提出申请;没有主管部门、审批机关的企业申请开业登记,由登记主管机关进行审查。登记主管机关(指国家和地方各级工商行政管理局)应当在受理申请后 30 日内,做出核准登记或不予核准决定。

(3)领取营业执照。这是登记审批程序的最后一个环节。工商行政管理机关在审查核实的基础上填写《企业法人营业执照》或《营业执照》,由主管领导签署意见并记录在案,同时出具企业核准登记通知书,通知被核准的企业。企业接通知后,法定代表人持支票到登记主管机关领取执照,并由企业法定代表人行使签字备案手续。企业自领取营业执照之日起即宣告成立,标志着企业取得了法人资格,同时也取得了企业名称专用权和生产经营权。企业的合法权益受国家法律保护,也确定了企业必须承担国家法律规定的义务和责任。

2.税务登记

税务登记又称"纳税登记",是税务机关对纳税人的生产经营活动实行法定登记的一种管理制度,也是纳税人依法履行纳税义务的法定手续。

根据纳税人要求登记的性质,税务登记可分为三类:即开业登记、变更登记和注销登记。

税务登记的意义在于:有利于税务机关了解纳税人的基本情况,掌握税源,加强征收与管理,防止漏管漏征,建立税务机关与纳税人之间正常的工作联系,强化税收政策和法规的宣传,增强纳税意识等。

超级链接:
办理税务登记应带齐的相关手续

办理税务登记应带的手续依行业、经济性质与具体相关事务的不同而有所区别,所以税务登记办理前应咨询相应税务机关。但一般情况下,税务登记应向税务机关如实提供以下证件和资料:

(一)工商营业执照或其他核准执业证件;(二)有关合同、章程、协议书;(三)组织机构统一代码证书;(四)法定代表人或负责人或业主的居民身份证、护照或者其他合法证件;(五)主管税务机关要求提供的其他有关证件、资料。

三、中职生应重视第三产业的创业

近几年来,大学生自主创业渐成潮流,而当下的中职生也渐渐时兴创业。现在各中职校在创业教育方面,存在一些认识误区,往往重视对学生创大业、干大事等理想教育,认为只有这样才是创业,有出息;轻视、淡化在第三产业领域的创业指导,因此,在中职毕业生中,普遍存在创业期望值过高,选择在大城市、大项目上创业,认为创业全凭优厚的客观条件,一心想创大业,不愿从小事做起。这种不正确的认识观往往会导致中职生的创业活动错位,出现创业行为受挫。

首先,中职生创业树立正确的人生观十分重要。

每一个中等职业学校的毕业生从学校走向社会,从学校生活转变为职业生活,无疑是对人生态度的一次考验。引导学生不仅要吃苦耐劳,勤于奉献就好业,而且还要立足长远,抓住机会创好业,让他们充分认识到创业是个人为社会作贡献的更好途径。有志于创业的毕业生要摒弃旧观念的影响,正确认识国有、集体与个体企业的关系,认识第一、二产业与第三产业的关系。人生价值不能仅仅以所在的单位大小、从事的岗位优劣来衡量,还要看个人对人民、对社会创造的价值、贡献的大小。我们应该充分认识创业既是一种就业、择业模式,也是一种自我发展的提升,尤其是青年人,要从依附性的被动择业转变为主动创业。还要破除"只有下岗失业人员才创业","创业不如当白领","创业失败很没面子"等观念。总之,创业观和职业观是具体化了的人生观。中职生毕业后立志创业就要树立正确的人生观,使自己逐步地树立起积极就业、勇于创业的职业观和创业观。

其次,中职生创业应看好第三产业。

中职生的创业之初,应该从小事做起,应从第三产业创业考虑,还必须根据自身的能力及综合素质量体裁衣地给自己定位,寻求最适合的项目进行创业思考。第三产业涉及领域广泛、内容丰富、项目繁多;有些小的经营、维修、特色服务项目比较符合中职生的实际情况,所以在第三产业创业是中职生创业起步的有效途径。

中职生掌握了一技之长,他们年轻而富于冒险精神,敢闯,不怕失败,因此如果有创业的条件,当然会想选择出来"搏一搏",再加上,现在的创业大环境也慢慢形成,社会上启动了创业激励机制和创业教育,各类创业大赛竞相举办,而学校一般都鼓励学生自谋职业和创业,自主创业是生存的需要、发展的需要和社会进步的需要。

它山之石:

"你有没有打算自己创业?"

昆明市某职业培训学校进行了《毕业生就业意向问卷调查》,在全班45位学生中,选择"没有打算"的学生只有2位。其中最能代表全校毕业生就业意向的数控专业(1)班的调查结果显示,中职生创业意识较强。

第三,做创业的有心人,要善于抓住机遇。

不少中职生,往往把自己迟迟不能行动的原因归咎于缺少机遇,学会抓住机遇对于年轻人的创业十分重要。机遇总是垂青有准备的人,中职生必须热爱自己的专业,从专业领域中发现并挖掘创业的机会。比如汽修专业,也许你不一定能掌握多么深奥的专业知识,不一定亲手拆装一部汽车。但是,你肯定能从汽修专业学习中得到启迪。从汽车的保养、美容到汽车维修,再到汽车的各种配件……诸如此类,与汽车相关会衍生很多商机,这样在熟悉汽车领域发展下去,经过数十年的打拼,就会开创出自己的一片事业天地。

培养和锻炼中职生较强的个人素质对中职生的成长也十分重要。面对今后激烈的市场竞争,"专长+特长"的综合素质高的人才更有利于创业成功。这就要求中职生具有较强的个性品质,诸如观察能力、分析能力、决策能力、抗挫折能力、语言表达能力、人际交往、沟通能力等,只有具备了适应市场的竞争能力,才能在今后的创业道路上脱颖而出。

总之,中职生应从身边做起,从小事做起,积极投身第三产业的创业活动,中职生在走出校门后才会就业成功、创业有路。

第四,找准自己的位子,在就业中创业

虽然现在中职学校的创业教育有所加强,毕业生创业意识有所增强,但是中职毕业生的创业项目意向还是比较模糊,基本功也比较缺乏,社会对中职毕业生创业行为的有效支持和帮助体系还未建立完善。中职生创业的大环境仍不够成熟,各种措施仍不能够配套完善,启动资金不足,注册、税收的繁杂,使一些创业者望而却步。因此从现实情况看,中职生虽在心理上认同创业,但毕业后马上能创业的毕竟还是少数。这是因为中职生刚刚走出校园,年龄普遍较小,还面临理性思考不够,创业资金缺乏,社会经验、人际关系不足等问题,所以中职毕业生大部分在就业3~5年后摸索、寻找适合自己的项目进行创业。中职生必须认识"先就业再创业""在就业中创业"。这样他们才能通过在所

就业单位的实践中积累经验,尽快调整自己的期望值,在工作中有意识地积累经验和发展人际关系网,找准自己将来的定位,做好自己的职业生涯规划,为自主创业做好准备。

四、中职生创业的成功案例感悟

它山之石:

(一)拓展专业,成功创业

1)王强是重庆市某职业技术学校汽修专业的学生,2006年毕业后工作了几个月,他就在渝北区龙溪镇创办了一家汽车维修厂,自己当起了老板,现在经营得有模有样。其实像王强那样自主创业成功的中职生不在少数,他们的成功无疑给了很多打算创业的中职生鼓舞。

2)重庆市某职业中学幼教专业1991级学生雷林松、聂国举毕业后凭借自己过硬的专业技能,创办了"重庆渝北区龙山幼儿园"、"重庆江北区白鸽幼儿园"。几年时间,她们的幼儿园在教学、管理方面成绩显著,在所在地区名声大噪。面对荣誉她们没有停步,目前她们又在一些中高档小区创建分园,发展势头十分旺盛。现在她们每年都回到母校招收"学妹",用自身的经历影响和感召中职生,并用实际行动回报母校,回报社会。

3)毕业于重庆荣昌某职中1994级财会专业的学生林敏,凭借自身过硬的素质,几番辗转,几经起落,经过自己矢志不渝追求,1997年7月,林敏将自己多年积累的资金全部投入,创办了电脑市场专业媒体《联合资讯》。由于谋划周密经营得法,1999年,她又注册成立了成都市敏文广告有限责任公司,目前公司下设四个广告部门,员工近30人,资产上100万,成为成都市IT业最具影响力和规模较大的广告公司。

(二)个性选择,圆了创业梦

一双价值十几元钱的普通白底帆布鞋,在上面用特殊颜料手工画上各式唯美图案,注入时尚元素,马上可以卖到80~100元,身价上涨了好几倍……这是武汉市某商业学校200余名"90后"中职生,凭借"个性手艺"圆了创业梦。其中,美术班学生做手绘鞋帽,电子商务班学生负责网上开店,市场营销班学生则负责原料和销售。

武汉市某商业学校2008级动漫班的学生说,她们无意中在杂志上看到DIY球鞋的做法,便想自己手绘一双更炫更靓的球鞋。于是,她们买了一双白胶鞋,用颜料在上面画了一幅漫画。穿出去后,立刻成了焦点,很多人跑过来问是哪里买来的。渐渐地,懂手绘的学生成了繁忙的加工者。现在该校动漫专业里,越来越多的学生喜欢上了手绘。于是学校"顺水推舟",开设"手绘技法"等课程,鼓励更多学生掌握手绘技能。"目前,动漫专业学生除了学好原来技能外,还多了一门手艺——手绘。"

"平时正常上课,业余时间做手绘鞋。"同学们认真核算了一下,一双白底帆布鞋的价格20来元,加上颜料,成本不到25元;T恤更便宜,而绘制好的鞋可以卖45~90元,T恤一般要卖60~120元不等,手绘一双鞋子或T恤所花的时间看图案的复杂程度,一般半天就可以完成。

让学生凭"手艺"创业,为拓宽手绘鞋帽的销售,老师鼓励电子商务班学生在网上开手绘店,出售学生绘制的衣服、鞋子、饰品。学生们尝到了成功的喜悦,这样的活动既用到了课堂上所学的构图技法,更培养了自己的设计创意。走进学校学生作品展示厅就会看到,各类手绘图案色彩斑斓,有史努比等卡通图案,有"向左走,向右走"等几米长的漫画,还有一串串色彩斑斓、笑嘻嘻的Q版卡通人物。

喜欢手绘的顾客,以追求个性的青少年居多,很多情侣选择画一双相同图案的鞋或T恤作为爱情的信物,也有很多爱好艺术的中年人选择一些山水画和有着特殊意义的图案。了解了消费对象的定位,大家力求绘图的新颖创意、彰显个性,同时在进货、销售等环节,都是学生担"主力",老师仅在质量上"把关"。

武汉市某商业学校的这项创业活动涉及学校3个专业200余名学生,这既提高了学生学专业课的兴趣、提高动手技能,还能帮助他们了解企业的运作流程,更好地了解社会。毕业后这些专业的同学分别在当地市区、乡镇中心区域或民俗街开了小店,专售手绘制品,生意十分红火。

(三)董冰的精彩人生

2000年的一天,广西钟山县一个偏僻的小山村——回龙村的村口走来了一个娇小、孤单的身影,瘦弱的肩膀上扛着一个大大的包袱,她,就是刚刚从梧州农业学校毕业出来的学生——董冰。步履艰难,但却坚定。

一个出生在农村的女孩,为了给贫困的家做点什么,中等职业学校毕业后,她没有像其他同学一样到广东打工,而是凭着从学校里学到的知识和自信,带着一身干劲回到了家乡。村里有人嘲笑她:"女孩子读书有什么用?""读书出来又怎么样?还不是回来和我们一样种地?"……对这些流言,她从不说一个字,只是专心做着自己早已谋划好的事情。因为当地农民家家都有养猪、养鸡的习惯,董冰每天早出晚归,调查当地养殖业的发展情况,经过分析、论证,毅然决定开办一个兽药和饲料店。没有创业资金,就去向亲戚借,

2 000元,这是她最初的全部投资。

万事开头难,董冰跑场地、办证照、进货,经过一番辛苦奔波,她的小店终于开张了。董冰不仅卖药给农民,还运用在学校学到的知识为畜、禽看病,指导乡亲们科学饲养和正确用药。诚实经营和专业性服务使她的小店生意越来越红火,半年就还清了所有借款,还扩大了两个门面。在初战告捷的基础上,董冰深思熟虑后大胆向银行贷款,购买电孵化机,同时购进一批仔猪,办起了一家在当地属较大规模的养殖场。她把养猪、养鸡、饲料加工等有机结合起来,使自己的事业迅速扩大。随着时间的推移,她的经营范围已不仅限于养殖业,还办起了摩托车修理厂、米粉加工厂……,一路走来,仍然瘦小的她变得越来越强大。现在,董冰拥有了自己的公司,年生猪出栏3 000多头,禽类出栏近6万只,个人资产达200多万元。

董冰富起来了,但是,她没有忘记仍然贫困的父老乡亲,主动把自己掌握的先进养殖技术手把手传给其他养殖户,饲料配方无私地传授给养殖户,提供猪仔、饲料、技术一条龙服务,解决他们在养殖过程中遇到的困难和问题,经她亲自授课培训的农民超过了5 000人（次）,技术咨询3万多人（次）,很快,回龙村和附近乡镇的农民纷纷发展养殖业,董冰成为了当地致富带头人。

董冰,一个中等职业学校的毕业生,一个体重仅有八十几斤的小姑娘,沉甸甸的记在人们心中。她先后被授予自治区"双学双比"先进女能手、自治区星火带头青年、自治区"三八红旗手"、全国"三八红旗手"、全国先进女能手等荣誉称号。2002年当选为自治区和贺州市人大代表。致富思源,用董冰自己的话说:"我的成绩固然是我奋斗的成果,但与母校对我的教导,乡亲对我的支持密不可分,我要真诚的对他们说一声谢谢!"

其实,董冰仅仅是千千万万广西中职毕业生成才典型中的一个代表。她的人生经历表明:经济建设和社会发展对人才的要求是多样化的,只要有"成功者"的心态、扎实的专业知识和技能,以及艰苦奋斗的实干,中职生的人生一样精彩!

创业不是一朝一夕的事情,也不会百分之百的成功。但是,只要中职生树立创业意识,确立全新的就业观,敢为人先,敢于走出创业的第一步,中职学生也一定会成为风流倜傥的企业家,创造出灿烂辉煌的明天!

【拓展阅读1】

创业者应具备十种心理素质：

美国人类行为学家丹尼斯·维特利博士根据自己多年的研究，认为创业者应具备十种心理素质：

1.现实的自我觉察

(1)觉察到周围事物的细微变化

(2)觉察到由于遗传和环境给自己造成的缺陷

(3)觉察到大量对自己有益的事物

(4)觉察到自己的潜力

(5)觉察到为实现目标应付出的时间和努力

2.现实的自我尊重

(1)我愿意成为我自己,而不愿意是历史上任何时代的人

(2)自我授受——心甘情愿地成为自己

3.现实的自我控制

(1)成功者的自我控制是主动的

(2)自我控制意味着有个人选择的自由和掌握自己的命运

(3)坚定地坐在驾驶员的位置上,控制着自己的思想、日常工作、目标和生命。

4.现实的自我动机

(1)具有奔向他们所制定目标的能力

(2)有扮演他们想去扮演的角色的能力

5.现实的自我期望

(1)他们懂得,所谓的"运气"是准备和觉察的结合

(2)现实的自我期望使他们做好了迎接机会的准备

(3)成功者总是把问题看作向能力和决心挑战的机会

6.现实的自我意向

(1)积极地考虑和发挥现实的自我意向

(2)表现出成功者的样子以此来展示自己的吸引力

(3)着急、轻率、敌意和失望对于创造性的想象具有消极性和破坏性

(4)积极的自我意向可以改变人的精神状态

7.现实的自我调节

(1)因为意识没有详细区别真正成功和想象成功的能力

(2)有着合理的生活计划、总体目的和明确的任务

(3)每一天的具体工作明确,并且日复一日地努力着

(4)现实的自我调节的秘密在于建立一系列清楚的、具有规定性的目标

8.现实的自我修养

(1)成功者们善于进行现实的自我修养

(2)自我修养就是思想实践,即思想的锻炼,树立新的思想感情

(3)废弃储存在潜意识的记忆体中的陈旧东西

9.现实的人际范围

(1)珍惜每一分钟,把每一分钟看作是自己的最后时刻,从而经常地去寻求更为美好的东西

(2)最典型的自我范围是具有赢得别人爱戴和尊重的品质

(3)成功的自我范围并不意味着胜利了就把对手踩在脚下

(4)他会向奋斗者、探索者以及坚忍不拔的人伸出援助的手,是相互帮助,而不是相互利用

(5)他们懂得一个人真正的人生,是怀着热心和同情去帮助别人生活得更美好

10.现实的交际能力

(1)他们具有一种使人消除敌意的艺术

(2)向人们投射发自内心的火热激情

(3)成功者们是坦率和友好的

(4)作为听者,他们全神贯注地去捕捉你的意思

(5)作为讲话者,他们千方百计地让你听懂他们所讲的内容

(6)生活中的成功者在生活中投射建设性的、积极的想象

【拓展阅读2】

成功企业家们对准备自主创业的学生的建议:

(1)刘永好(新希望集团有限公司董事长):

现在的学生创业,第一,要学好本领;第二,要有良好的心态;第三,要勤奋,还要有一颗平常心和善待周边的人、员工和父母的心。这样你能够从容处理事务,人家就会帮助你,就会支持你,那么事业成功的可能性就大。还有,就是要联合发展,跟一些企业年轻人,刚刚毕业不久,最好是定一个目标,在自己定下方向、目标以后,或许你取得相应的经验以后,自己创业就有本钱了,对行业是熟悉的,这时候成功的可能性相对大一些。

(2)李革(耀明康德新药开发有限公司董事长兼首席执行官):

主要是怎么看待创业。我觉得每一个行业有每个行业的不同。要想创业的时候,一定要有一个积累。这个积累不是讲钱上的积累,更重要的是创业者的工作经历、经验知识的积累。同时知识和经验可能会塑造一种新的想法或者一种

新的创业模式。千万别因为大家都创业了,自己也要去创业。我觉得每一行都是有很多创业机会的。而且我们什么时候创业,都不晚,关键是创业最后的结果是什么。有些人说,我创业就是不想面对自己的老板。有些人说,创业比拿工资要好一些。有些创业者说,我要改变一些事情。但我的建议就是别为了创业而创业,而是为了能够改变一件事而去创业。

(3)高德康(波司登国际控股有限公司董事长兼行政总裁):

机遇往往都存在于问题中,在问题中可能会出现大的机遇,因为现在很多年轻人怕吃苦,我认为年轻人要持之以恒,不能怕吃苦,不能一有问题了,就马上撤退。每一件事情中间存在的问题或许就是他们最大的机遇,只要处理到位了,问题就有解决的机会。在解决问题之前,可能有的问题处理结果只有60分、80分、90分,这个就看怎么样利用自己的头脑,把执行率提高,实际上这个是可以总结出一个经验的。坚持做下去,就能够一步一步改变自己,只有自己不断改变自己,不断创新发展,才能慢慢越来越发达,越来越成功。如果说在这种问题上遇到困难就敷衍了事,不认真去对待,那么成功率肯定就很低了。

(4)施正荣(无锡尚德太阳能电力有限公司董事长):

对于有想法创业的年轻人,在他们创业的初期,首先要树立正确的创业的动机,这个非常重要。如果对创业没有一个很正确的驱动力,如果只是为了赚钱,为了急功近利,那成功的可能性不大,只是短期型的。第二,一定要知道分享,要知道如何整合资源。只有知道跟人分享,别人给予帮助,要知道回报,这样的情况下创业者才能不断地得到帮助。另外,对团队、人才的重视,一定要建立一个很好的团队,创业、工作靠一个人的能力是没法做的,需要一个团队。另外,要知道回报社会。我觉得我的这些想法是非常重要的。

(5)潘慰(味千(中国)控股有限公司董事局主席):

在我的创业过程中,最宝贵的经验,我觉得还是我比较专。比如说,像以前我有一个朋友,也做餐饮,但我觉得他们当时是泛泛地去做,做餐饮的时候做一些其他的。这样就会分心,不可能做得很专。我经常去日本,日本方面也有一些其他的业态。我当时的考虑和判断还是对的,就是不去做得很杂。因为自己有了一个很好的业务模式,市场又这么大,为什么不把时间、精力放在上面呢。所以我觉得这点我抓得很好。我发现有一些企业家,想法是不一样的,做了这个,又搞了一点其他的东西。到头来是做了很多,但不是很专。

(6)陈裕光(大家乐集团有限公司主席):

对于一些想创业的年轻人,有四个元素他们一定要考虑。第一点是如果一个人想到要创业的话,在性格上一定要很乐观,悲观的人是不会去创业的,一个创业者一定要很乐观地去对待每一件事情。那乐观之余我相信第二样就是他一定要有一个理想,那个理想就是他自己有兴趣、有抱负,甚至他有一定的洞悉力、观察力,这这样可以让他发挥出他自己的才华。当然有了这两样之外,我认为推动自己去做好一件事,还需要专注,我觉得不可以今天做这样,明天做那样,一定要专注地去做一件事情,专注是成功的一个很重要的元素。另外,我发现有好多人在创业期间除了有刚才我说的那三点之外,还有执行能力也是非常重要的。

【思考题】

1.中职生创业要做好哪些准备?

2.你认为中职生创业有哪些优势?

3.为什么说中职生创业最好从第三产业入手?

【交流与讨论】

(1)创业者成功经验,给你的启发是什么?

(2)根据当前的社会情况,结合自己的实际,设计一份创业计划书。

参考文献

[1] 李晓凡.职业道德与职业生涯[M].北京:中国科学技术出版社,2009.

[2] 郜风涛,张小建.中国就业制度[M].北京:中国法制出版社,2009.

[3] 陆红,索桂芝.大学生职业生涯规划与职业素质培养[M].大连:东北财经大学出版社,2009.

[4] 王海棠.大学生就业教程指导[M].北京:北京大学出版社,2009.

[5] 匡志盈,杨庆华.高职大学生就业指导[M].北京:北京邮电大学出版社,2009.

[6] 胡龙华,黄友健,刘建荣.新编大学生职业发展与就业指导[M].北京:北京理工大学出版社,2009.

[7] 储克森.实习与就业指导[M].北京:机械工业出版社,2009.

[8] 潘洁.走向社会的桥梁——就业指导[M].北京:化学工业出版社,2007.

[9] 张瑞安,庄达华.中职生实习指导[M].北京:北京理工大学出版社,2009.

[10] 杨一木,郭学林.中职生就业教育导航[M].兰州:兰州大学出版社,2008.

[11] 宋成学,韩菲.职业生涯发展与规划[M].北京:中国财政经济出版社,2009.

[12] 陈东.就业面试指导[M].北京:中国电力出版社,2009.

[13] 詹全友.大学生就业创业导航[M].武汉:武汉出版社,2007.

[14] 重庆市人民政府科技顾问团.科学咨询[J].2009(2).

[15] 春燕衔泥;中职生创业故事[M/OL].安徽:创业者,[2010-3].http://www.58q.com